Der Mittwochsmann

Bibliografische Information der Deutschen Nationalbibliothek:
Die Deutsche Nationalbibliothek verzeichnet diese Publikation in der
Deutschen Nationalbibliografie; detaillierte bibliografische Daten sind im
Internet über dnb.dnb.de abrufbar.

© 2018 Notker Karcher
Illustrationen: Brigitte Karcher
Umschlag-Gestaltung, Layout und Satz: Martin Karcher, Berlin
Herstellung und Verlag: BoD – Books on Demand, Norderstedt
ISBN: 978-3-7481-1072-9

Notker Karcher
Der Mittwochsmann
Als Helfer im stationären Hospiz

Ein Bericht

Prolog

»Sie rennen offene Türen ein«, meinte die Augsburger Vinzentinerin lapidar auf die Frage nach meiner Eignung als männlicher Helfer im stationären Hospiz. Zwei ihrer Mitschwestern arbeiteten auf dieser Station, die vom St. Vinzenz-Hospiz-Verein getragen wird, der sich auch ambulant um Schwerkranke und Sterbende kümmert. Der Verein hatte vor wenigen Jahren ein solches Haus im Süden der Stadt eröffnet. Davon hatte die klösterliche Frau in einem Referat berichtet, zu dem ich nach einigem Zögern gegangen war, begegnete mir doch das Wort 'Hospiz' immer wieder und signalisierte mir auf diese Weise, ich müsse mich endlich für einen entsprechenden Einsatz entscheiden. Seit längerem spielte ich mit dem Gedanken. Die Schwester schickte mich zur Leiterin des Hospizhelfer-Kurses, der in nächster Zeit beginnen sollte. Ich käme gerade zur rechten Zeit.

Ihre Mitschwester erklärte mir erfreut, ich sei der vierte Mann, der sich, in einer Gruppe von insgesamt sechzehn Teilnehmerinnen und Teilnehmern, für den Kurs interessiere. Das habe sie bisher noch nie erlebt. Es seien in der Mehrzahl Frauen, die sich als Hospizhelferinnen engagierten. Nach einem längeren prüfenden Gespräch zeigte sich die verantwortliche Frau zuversichtlich und meinte, sie traue mir das Vorhaben zu und nahm mich in ihre Liste auf.

Ich absolvierte daraufhin, zusammen mit den anderen Interessenten, einen gut halbjährigen Lehrgang, der von einem einwöchigen Praktikum auf der Hospiz-Station unterbrochen wurde. In einer ausgewogenen Mischung erfuhren wir Grundlegendes aus der Medizin, der Psychologie, der Gesprächsführung, der Spiritualität, der Pflege und aus weiteren, verwandten Disziplinen, wir übten nonverbale Kommunikation und aktives Zuhören, Achtsamkeit und Geduld und konnten uns darüber klarwerden, ob wir den Anforderungen des Dienstes gewachsen sind. Jeweils am Freitagabend hörten wir Referate von Fachleuten, redeten in der Gruppe über unser Befinden und bekamen Antworten auf unsere Fragen. Es herrschte eine gute, manchmal ausgelassene Stimmung, konnten wir uns doch aktuell nicht immer konkret vorstellen, welche Schwierigkeiten in den drei in Frage kommenden Bereichen auftreten können. Denn es ging sowohl um ambulanten Dienst in Familien und in Pflegeheimen, als auch um stationäre Mithilfe, Arbeiten, die sich der inneren Struktur und dem Anspruch der Einsatzorte entsprechend unterscheiden. Doch wurden uns die Tätigkeiten und Aufgaben klar vor Augen gestellt. Ausdauer, Kreativität, Flexibilität und persönliche Festigkeit waren in allen Bereichen gefordert.

Immer klarer wurde mir dabei, und meine Erfahrung in den kommenden Jahren bestätigte es, was die Mitte unseres Dienstes ausmacht. Sie wird kurz und bündig im Namen ausgedrückt: Helferin und Helfer zu sein in den verschiedensten Variationen von Hilfe, sei es die Zubereitung einer Tasse Kaffee oder die Unterstützung bei der Pflege oder die Hinwendung und Präsenz bei den Kranken. Jede, auch die einfachste Helfertätigkeit, ist Teil des umfassenden Hospiz-Dienstes, sie unterstützt und entlastet die hauptamtlichen Fachkräfte, ermöglicht diesen den Freiraum, den sie für die Pflege und für die damit verbundenen Pflichten benötigen. Darüber hinaus wurde deutlich, welch hoher Anspruch an jede und jeden von uns gestellt wird, entsprechend den Zielen, die sich die Hospizbewegung gesetzt hat.

Der Abschluss des Kurses bildete ein Wochenende im Kloster des Ordens, in dem in Gesprächsrunden Meinungen und Erfahrungen der Teilnehmer zur Sprache kamen. Hatte sich an unseren Entschlüssen etwas geändert? Sind wir überzeugt,

uns den Dienst zumuten zu können? Wie geht es uns beim Gedanken an unsere zukünftigen Einsätze?

Es wurde meditiert, gefeiert und gesungen. Wir übten uns im autogenen Training und machten lange Spaziergänge. In einem abschließenden, persönlichen Gespräch mit der Leiterin ging es wesentlich darum, wie weit unsere Entscheidungen gereift waren und um unsere Wünsche, in welchem der drei Bereiche wir tätig werden wollten. Natürlich war uns klar, dass nicht alle persönlichen Vorstellungen erfüllt werden konnten.

Wenige Wochen danach wurde mir, meinem Wunsch entsprechend, ein Platz im stationären Hospiz angeboten, den ich bis heute als Glücksfall empfinde. Seit nunmehr sechzehn Jahren bin ich einmal in der Woche im Einsatz, am Mittwoch, in der Spätschicht.

Anfänge

Es ist eine bescheidene Station mit sechs Betten, in der ich meinen Dienst an jenem ersten Nachmittag im November 2002 begann, bestens betreut von einer jungen Ordensschwester mit einer Palliative-Care-Qualifikation, deren muntere Gestimmtheit mich recht ermutigte. Sie erklärte ausführlich und genau, gab mir Ratschläge und Tipps. Es wurde ein guter Anfang, an den ich mich gern erinnere.

Die Schwester stellt mich den Patienten vor, den ‚Gästen‘, wie diese im Haus auch genannt werden. Ich bin angespannt. Das Mitgehen in die Zimmer wird mir jedoch durch meine Betreuerin erleichtert. Vor einem der Räume, dessen Tür halb geöffnet ist, schweigt die Nonne. Die Patientin liegt schlafend mit kaum wahrzunehmenden Atemzügen, über eine Infusion mit Medikamenten versorgt. »Sie ist auf dem Weg«, erklärt mir die Begleiterin leise. Die Frau ruht gebettet, auf der einen Seite von Polstern gestützt, um einem Wundliegen vorzubeugen.

Der Begriff ‚Gäste‘. Ich erinnere mich, wie lebhaft, ja geradezu ehrfürchtig die klösterliche Kursleiterin über diesen alternativen Ausdruck für die Schwerkranken gesprochen hat. Ich hatte damals als Neuling den Eindruck, dass sie dem Begriff eine besondere, gar spirituelle Bedeutung beimisst. Das Wort bringt die Verweildauer der Kranken auf der Station zur Sprache. Sie sind als Gäste vorübergehend im Haus. Doch verlassen sie dieses Haus anders als Gäste eines Hotels oder eines familiären Festes. Das Weggehen und Sich-Verabschieden der Stationsgäste ist von einer besonderen Qualität, deren Ernst im Wort ‚Gäste‘ nicht sofort zum Ausdruck kommt. Dass es da um schwere, unheilbare Krankheit und ums Sterben geht, wird erst beim zweiten Blick deutlich. Aus meiner Helfer-Erfahrung der zurückliegenden Jahre heraus bin ich bemüht, den Begriff nicht zu verwenden, da ich mit ihm eine andere Vorstellung verbinde.

Ich erfahre, dass die Patienten in der Regel von ihren Hausärzten medizinisch versorgt werden. Ist dies nicht möglich, springt ein erfahrener Palliativ-Mediziner ein, mit dem die Station zusammenarbeitet. Er schaut regelmäßig bei den ihm anvertrauten Kranken vorbei, spricht mit ihnen, mit den Schwestern, macht sich ein Bild vom aktuellen Ergehen der Patienten, verschreibt entsprechend notwendige Medikamente und klärt Familienangehörige auf.

Die Schwester ist unablässig am Berichten und Informieren. Sie ist allein auf der Station, mit mir als Helfer, den sie in seinen Dienst einweist. Dazu muss sie nach den Kranken schauen, diese lagern, nach den Infusionen schauen, sie pflegen und ihre Protokolle schreiben, damit sie beim Schichtwechsel am Abend der Nachtschwester den aktuellen Stand übergeben kann.

Ich bin seit halb zwei Uhr auf der Station. Nach der Kennenlern-Runde ist Zeit für Kaffee und Kuchen für die Patienten, ein Dienst, der, neben der Vorbereitung des Abendessens, zu meinen Hauptaufgaben während der Spätschicht gehört. Je nach dem Befinden der Kranken hilft dabei die Schwester mit. An diesem ersten Nachmittag muss sie mich aktiv unterstützen und dazu vieles erklären.

Der Arbeitsplatz ist die Stationsküche mit ihren vielerlei Tätigkeiten, ein Ort, in den ich immer wieder zurückkehre. Die Köchin hat in der großen Küche im Erdgeschoss, neben der Zubereitung von individuellen Mahlzeiten für die Kranken, auch einen Kuchen für den Kaffee am Nachmittag gebacken. Den bringe ich zu Beginn meiner Spätschicht in die Küche der Station und verteile ihn von dort, je nach Wunsch, zusammen mit Tee, Milch oder heißer Schokolade an die Patienten. Wieder bin ich in den Zimmern, erkundige mich, ob eher Eis oder Joghurt angebracht ist. Wieder hilft die Schwester mit. Auf einem Tablett trage ich das Gewünschte in die Zimmer, helfe, wo dies nötig ist, beim Essen und Trinken, bin auf diese Weise in Kontakt mit den Kranken.

Der Kontakt zu ihnen – er steht ganz oben im Helferdienst. Wobei es nicht darum geht, mich aufzudrängen. Es gibt so viele Möglichkeiten, in die Zimmer zu gehen, sei es, ein Patient läutet, weil Hilfe nötig ist, sei es, ich fülle den Pflegeschrank auf – mit Handtüchern, Waschlappen, mit aus Endloswindeln zugeschnittenen Teilen, die zur Reinigung benötigt werden. Hinzu kommen ‚Durchzüge‘, Linnen, die zusätzlich über die Spannbetttücher gelegt werden und nicht zuletzt die ‚Safetex‘- Betteinlagen. Dabei ergibt sich immer wieder, so erlebe ich es, die Möglichkeit zum Gespräch, mit den Patienten, mit Familienangehörigen und mit Besuchern.

Die für die Pflege der Kranken benötigte Wäsche wird zu dieser Zeit noch im Haus gereinigt. In den folgenden Monaten werde ich zu Beginn meines Dienstes zunächst in die Waschküche im Keller gehen, um die fertigen, nassen Teile aus den Waschmaschinen zu nehmen und in die Trockner zu legen, diese später leeren und die gefüllten Waschkörbe ins stationäre Bad tragen. Dort sortiere ich die Wäsche, lege die Handtücher und die Betteinlagen zusammen und verteile sie in die Schränke auf den Zimmern. In diesen Schränken ist ein Bereich für die verschiedensten notwendigen Pflegeutensilien reserviert. Dort bringe ich die geordneten Teile unter und kontrolliere, ob genügend Material für die umfangreiche Pflege der Schwerkranken während des Tages, am Abend und am nächsten Morgen vorhanden ist.

Diese Arbeit nimmt ein ‚gerütteltes Maß‘ an Zeit in Anspruch. Neben der Essensvorbereitung in der Teeküche gehört sie zu den ‚hauswirtschaftlichen‘ Tätigkeiten meiner Spätschicht. Sie bilden die Eigenart des stationären Helferdienstes, die jedoch meine Anwesenheit bei den Kranken und Sterbenden einschließt und ermöglicht. Diese haben mit ihren Anliegen und Bitten stets Vorrang. Daher unterbreche ich meine Arbeit im Bad oder in der Küche, wenn sie um Hilfe rufen, frage nach und gebe das Problem, wenn ich es nicht lösen kann, an die Schwester weiter.

Diese spezielle Gestalt des stationären Dienstes, vor allem seine ‚hauswirtschaftliche' Seite, sie war mir bekannt. Davon hatte ich während meiner Ausbildung im Praktikum erfahren. Sie war auch im theoretischen Teil des Helferkurses immer wieder zur Sprache gekommen. Das war mir bewusst, als ich die Chance ergriff, auf der Station zu arbeiten. Ich habe es bis heute nicht bereut, kam doch meine eigene Betreuung durch die hauptamtlichen Fachkräfte hinzu, die ich sehr schätze und nicht missen möchte.

Und es kam die Erweiterung meiner Kochkünste hinzu, wurde ich doch, in den ersten Wochen, von der liebenswürdigen, älteren Vinzentinerin, der ich immer wieder in der Spätschicht half, über die Zubereitung eines Grießbreis eingeführt. Ich kam daraufhin in den kommenden Jahren zu dem zweifelhaften Ruf, ich könne besagte Speise besonders gut herrichten, und mir daher die diensttuenden Schwestern, mit einem Augenzwinkern, deren Vorbereitung gerne überließen. Sie übersahen jedoch dabei, dass ich beim Kochen dieses süßen Breis stets ins Schwitzen kam.

Die Schwester lässt mich allein, nachdem sie mir die Arbeit mit der Pflegewäsche erklärt hat. Ich habe diese auf einen Wagen gelegt und gehe mit ihm von Zimmer zu Zimmer, verweile, bevor ich klopfe, versuche auf diese Weise, die Schwierigkeiten des Anfangs zu überwinden, und öffne die Tür.

Es dauert, bis ich mutiger und sicherer werde in der Begegnung mit den Schwerkranken. Dabei erlebe ich Unterschiede. Mal geht der Kontakt schneller, mal braucht es Zeit. Die Initiative geht von den

Kranken aus. Von mir ist, so habe ich gelernt, Achtsamkeit gefordert und Zurückhaltung.

Ich schaue nach, ob im Pflegeschrank Teile fehlen, die ich auf meinen Wagen gestapelt habe und ergänze diese. Bevor ich den Raum verlasse, frage ich die Kranken nach einem Wunsch, den ich erfüllen könne. Das ist vielleicht eine leere Wasserflasche, die durch eine neue eingetauscht werden muss, oder der Wunsch nach einem Wechsel der Lagerung, oder die Bitte, das Fenster zu öffnen oder zu schließen.

In anderen Zimmern treffe ich auf Familienangehörige, auf eine Ehefrau oder einen Ehemann, auf eine Tochter oder einen Sohn, die inzwischen angekommen sind, und die ich zum ersten Mal sehe. Auch sie haben Wünsche, die ich selbst erfüllen kann oder diese an die Schwester weitergebe.

An einer der Türen bekomme ich keine Antwort. Ich öffne vorsichtig. Die Kranke schläft. Am Bett steht der Ständer mit der Infusionsflasche. Ich kenne die Frau von meinem ersten Besuch im Zimmer in Begleitung der Schwester. Bei ihr muss ich im Schrank viel ergänzen wegen des hohen Pflegeaufwands.

Offene Tür

Die Tür zu ihr
steht offen.
Immer wieder
geh' ich dran vorbei
und trau mich
nicht ins Zimmer.

Sie meldete sich
noch nicht, seit ich
im Hause bin.

Manchmal bleib' ich,
verstohlen, steh'n,
betrachte sie von fern
in ihrem Bett,
seh' ihr Gesicht und
die geschlossenen Augen.

Dann –
dann endlich
fass' ich mir ein Herz,
tret' an ihr Bett und frag',
ob es sie störe,
wenn ich zu ihr käme,
ab und zu.

Und sie,
die Augen öffnend,
sagt: Nein,
überhaupt nicht.

(Helfertext 8/2003)

Der Nachmittag ist fortgeschritten. Die Schwester hat inzwischen alle Patienten besucht, hat mit ihnen gesprochen, sich nach dem Ergehen erkundigt, nach den Infusionen, den Ports und nach den Schmerzpflastern gesehen, sie hat neu gelagert und gepflegt.

Es ist Zeit für unsere Brotzeitpause in der Teeküche, bevor wir uns der Zubereitung des Abendessens für die Kranken zuwenden. Das ist eine durchaus kreative Arbeit, mit der wir mit den Möglichkeiten der Stationsküche Abendmahlzeiten für diese herrichten. In der Regel ist noch Suppe vom Mittagessen da, eine besondere Spezialität der Köchin, von vielen Kranken geschätzt, da es sich um eine leichte Speise handelt. Dann können wir Wurst- oder Käsebrote anbieten, Spiegel- oder Rühreier, Nudel- oder Wurstsalat, Joghurts, Fertigpudding oder Eis. Und Grießbrei, natürlich. Ich musste lernen, mir bei dieser Vorbereitung Zeit zu lassen und meine Neigung zur Hektik abzulegen, erlebe ich doch, wie sorgfältig die Schwestern die Speisen zubereiten, sie schmücken und garnieren.

Meine Betreuerin schickt mich in die Zimmer, um nach den individuellen Wünschen zu fragen, ein für die Kranken schwieriges Thema, ist doch gerade das Essen für die meisten wegen der vielen Medikamente zum Problem geworden. Chemotherapien haben ihnen den Geschmack und den Appetit genommen, so dass oft nur noch Tee oder ein anderes, leichtes Getränk gewünscht wird. Wieder habe ich intensiven Kontakt zu den Kranken, erfahre, wie es ihnen im Moment geht, mache Vorschläge über mögliche Speisen oder Getränke, serviere diese anschließend auf einem Tablett und helfe beim Essen, eine Tätigkeit, die Konzentration und Achtsamkeit erfordert. Das gelingt mir nur bedingt bei meinen Anfängen. Doch zugleich erfahre ich Ermutigung und Zuspruch.

»Langsam, Herr Karcher, wir haben viel Zeit, wir schaffen das gemeinsam«, beruhigt mich ein Patient bei meinem Versuch, ihm zu helfen. Das tut gut und nimmt mir meine Nervosität.

KEINE SUPPE

Er runzelt die Stirn
über den geschlossenen Augen,
die er nicht mehr öffnen kann,
als ich ihm
den ersten Löffel Suppe reiche.
Sie schmeckt ihm nicht,
meint er.

Ich kann es nachvollziehen
und trage den Teller
verständnisvoll zurück,
richte eine Schnitte
mit frischer, würziger Wurst,
mit Senf und
essigsauren Gurkenscheiben.

Er ist entzückt
und isst in einem Schub
den Teller leer.

(Helfertext 6/2003)

Anschließend ist Aufräumen in der Küche dran. Ich hole das gebrauchte Geschirr aus den Zimmern, bestücke die Spülmaschine damit, eine besondere logistische Leistung, die ich von zu Hause kenne, lege Wurst- und Käsepackungen und Butter zurück in den Kühlschrank, die ich zuvor mit einem Filzschreiber mit dem Datum der Öffnung versehen habe, reinige den Tisch und die Arbeitsplatten, spüle die Tabletts und anderes Geschirr ab, welches in der Maschine keinen Platz findet. Es ist Basishilfe in den verschiedensten Formen, Hilfe der Helfer zum Gelingen von Hospiz. Jeder Handgriff trägt dazu bei, auch das abschließende Wegbringen des Küchenabfalls in die Restmülltonne oder der diversen gebrauchten Kunststoffpackungen in den dafür vorgesehen gelben Behälter.

Währenddessen hat die Schwester mit der vorbereitenden Pflege der ‚Gäste' für die Nachtruhe begonnen. Dabei helfe ich ihr bei der komplizierten Lagerung mancher Patienten, eine Voraussetzung für schmerzfreien Schlaf. Ich kann dabei Gelerntes aus dem Helferkurs anwenden.

Danach wird es ruhig auf der Station. Familienangehörige und Besucher verabschieden sich, bis auf jene, die länger oder die Nacht über dableiben, so wie an diesem Tag die Tochter der Schwerkranken auf dem letzten Weg. Ihr haben wir eine Liege im Zimmer ihrer sterbenden Mutter vorbereitet. Wird dies nicht gewünscht, besteht für Angehörige die ganze Nacht über die Möglichkeit, zu den Patienten ‚im Fall des Falles' zu kommen, denn das Haus ist immer besetzt. Die Schwester für die Nachtschicht löst in Kürze ihre Kollegin ab, nachdem diese ihr den aktuellen Stand auf der Station nebst allem Wissenswerten mitgeteilt hat. Dazu besteht die Möglichkeit für Familien, wenn gewünscht, jederzeit während der Nacht benachrichtigt zu werden.

Mein erster ‚Spätdienst' geht zu Ende. Welche Fülle von Eindrücken und Informationen! Erleichtert verlasse ich die Station, nachdem ich mich von der Schwester verabschiedet und ihr für die verständnisvolle und lehrreiche ‚Betreuung' gedankt habe. Die Anspannung der vergangenen Stunden fällt von mir ab. Es wird dauern, bis ich mich ganz von ihr lösen kann, von diesen subtilen Ängsten vor dem Neuen und Überraschenden auf der Station.

Auf dem Weg zur Haustür komme ich an der offenen Hauskapelle vorbei. Ich folge der Einladung, setze mich und verweile, empfinde leises Glück, es geschafft zu haben und bin mir sicher, dass ich weitermache.

Nachdenklich

Ich habe Neuland betreten, eine Wirklichkeit, die ich seit langem aus dem Blick verloren, ja verdrängt hatte, weil ich sie gar nicht sehen wollte. Wie Menschen sterben, das wollte ich nicht wissen, dieser Realität ging ich aus dem Weg. Doch wurde sie gerade dadurch umso unheimlicher. Sicher, ich besuchte hin und wieder Kranke, zu Hause oder in der Klinik, wünschte ihnen gute Besserung und schaute, möglichst schnell wieder wegzukommen.

Jetzt aber begegnete ich Schwerkranken, Tumorpatienten mit den verschiedensten Diagnosen, die mit dem ärztlichen Urteil ‚austherapiert' konfrontiert worden waren, erlebte Familienangehörige, die erschüttert und verzweifelt waren, und denen ich nahezu sprachlos gegenüberstand. Zunächst, denn im Laufe der Wochen und Monate erkannte ich, dass es einfach darum geht, da zu sein und zuzuhören. Trost, so habe ich gelernt, liegt auch im sich Einfühlen in die Not der anderen, in der Zustimmung zur Realität ihres Unglücks.

Zur Hilfe hinzu kommen natürlich auch die vielen kleinen Verrichtungen und Dienste, die den Pflegenden den ‚Rücken freihalten' für ihre verantwortungsvolle Aufgabe an den Schwerkranken. Das schließt nicht aus, dass ich im Verrichten dieser Dienste, und gerade durch sie als einer Art Nebeneffekt, Kontakt finde zu den Kranken, mal mehr, mal weniger, wie es sich eben ergibt.

Helfen, erfolgreich helfen können die Fachleute mit ihrer Sachkenntnis und Erfahrung, die Schwester, der Pfleger, die gelernt ha-

ben, wie gelagert und gebettet wird, wie ein Schmerzpflaster gewechselt, eine Infusion überwacht und neu angelegt wird, die auf Grund ihres Wissens und ihrer Erfahrung auch trösten können. Denn betroffen sind auch die Angehörigen, die mit ihren Fragen und Nöten zu den Pflegefachleuten kommen, sind die doch rund um die Uhr auf der Station.

Helfen kann der Arzt, der die vielen Symptome, mit denen ein Sterbender zu kämpfen hat, lindern und eindämmen, der Schmerzen verhindern und wirksame Medikamente anordnen, der Patienten und Angehörige aufklären und beruhigen kann.

Im Laufe der Zeit werde ich noch andere kennenlernen, die den Kranken auf ihrem letzten Weg helfende Begleiter sind, der Seelsorger oder die Seelsorgerin etwa, der Physiotherapeut oder die Physiotherapeutin, die Musiktherapeutin, die Friseuse, die Fußpflegerin, die Sozialarbeiterin.

Ich selbst werde in den kommenden Wochen lernen, wo mein Platz als Helfer ist, hier, auf der Station, im Alltag der Spätschicht. Denn das habe ich an diesem ersten Nachmittag erkannt: Helferinnen und Helfer werden gebraucht.

Hintergrund

Eine Wirklichkeit verdrängen, eine menschliche Grenzsituation nicht wahrhaben wollen, das hatte mit der langjährigen Krankheit und dem Sterben meiner Mutter zu tun. Ich war vierzehn, als sie mit 51 Jahren starb. Wenige Jahre nach dem großen Krieg. Ein bedrückendes Leiden, von kaputten Herzklappen verursacht, nahm ein Ende. Schon längst war die Kranke, von Atemnot und Schwäche geplagt, den vielen familiären Pflichten nicht mehr gewachsen.

Ich stand, zusammen mit meinen vier Geschwistern, an ihrem Bett, als sie an einem trüben und regnerischen Novemberabend verschied. Der Vater beugte sich über die Sterbende und rief sie bei ihren Kosenamen. Sie antwortete nicht mehr, hatte vielmehr ihre Augen weit geöffnet, verharrte lange in diesem Schauen, bevor sich ihre Lider langsam schlossen und ihr Atem erlosch.

Nachdem die Leichenfrau des Dorfes gegangen war, wurden wir vom Vater aufgefordert, uns von der toten Mutter zu verabschieden. Ich konnte es nicht. Als letzter in der Reihe sah ich, auf der Türschwelle stehend, die Tote, in einem weißen Kleid in ihrem Bett aufgebahrt, sah das Tuch, das um ihren Kopf gebunden war, machte auf der Stelle kehrt und lief erschreckt davon. Drei Tage lang lag die Verstorbene in unserer Wohnung, im offenen Sarg. Im Dorf gab es keine Aussegnungshalle.

Am Abend kamen Frauen aus der Nachbarschaft und beteten den Rosenkranz im Zimmer, in dem die tote Mutter lag. Ich habe an diesen Tagen den Raum nicht betreten, beneidete vielmehr meine kleine Schwester mit ihren sieben Jahren, die jeden Abend bei den betenden Frauen saß.

In den folgenden Jahren wollte ich nichts mehr wissen von Krankheit und Tod. Vergeblich. Denn aus meiner Welt schaffen konnte ich beides nicht. Wie auch! Ich musste mich der Tatsache stellen, dass unser Leben verwundbar ist und ein Ende hat. Doch klammerte ich mich an die Hoffnung, nicht allzu bald davon betroffen zu sein.

Dann drängte sich, in den frühen 70er Jahren, in der Gestalt einer TV-Dokumentation über eine Londoner Sterbeklinik, das Wort ‚Hospiz' in mein Leben. Ich sah in Schwarz-Weiß-Bildern Schwerkranke auf ihrem letzten Weg, sah Ärzte, Schwestern, Helfer und, in kurzen, erklärenden Kommentaren, die Begründerin der Hospizbewegung, Cicely Saunders, die durch ihre Begegnung mit dem Sterben eines Auschwitz-Überlebenden und seinem damit verbundenen mehrdimensionalen, ‚totalen' Schmerz (total pain) motiviert wurde, sie müsse als Krankenschwester etwas für die Linderung der Leiden von Sterbenden tun. Daraus erwuchs ihr großartiges Lebenswerk, die Idee einer umfassenden Fürsorge (palliative care), die Schwerkranke in einem stationären Hospiz der Obhut eines Teams von Fachleuten anheimgibt. Als Ärztin, die sie inzwischen geworden war, verwirklichte sie diese Idee in der von ihr gegründeten Sterbe-Klinik in London, dem St. Christopher's Hospice.

Das Beispiel dieser Frau hinterließ in mir einen bleibenden Eindruck. Meldungen und Berichte über die Hospizbewegung, über die Gründung des Christopher-Hospizes in München und stationären Einrichtungen in anderen deutschen Städten in den kommenden Jahren, häuften sich. Hinzu kamen Informationen über Hospizhelferinnen und Hospizhelfer, die in solchen Einrichtungen gebraucht wurden. Diese Informationen bildeten schließlich die Grundlage für den Entschluss, mich auf ähnliche Weise nach meinem beruflichen Leben zu engagieren. Ich las dazu Bücher der Schweizer Psychiaterin Elisabeth Kübler-Ross über Trauer und über das Sterben, vor allem ihre beeindruckenden ‚Interviews mit Sterbenden', die mir Einblicke gewährten in einen von mir so lange gemiedenen Bereich.

Ein Weg wurde sichtbar. Er führte mich zum Gespräch mit der Leiterin des Hospizhelfer-Kurses des Augsburger St. Vinzenz-Hospiz-Vereins.

Einblicke

Ich drücke die Glastür zur Station auf, ein besonderer Moment am Beginn meiner Schicht, gehe in die Küche und hänge das Täschchen mit dem Hausschlüssel und meiner Lesebrille an die Lehne eines Stuhls am Küchentisch. Eine der beiden Schwestern der Frühschicht kommt hinzu, begrüßt mich und bittet um meine Mithilfe. Ein Patient sei soeben verstorben, ich möge ihr doch beim Betten helfen. Die Pflegerin war bei ihm, als er starb. Sie notiert die Zeit des Todes, benachrichtigt erreichbare Angehörige, die nicht bei dem Sterbenden sein konnten.

Die Verstorbenen werden in ihren Betten gelagert und mit frischer Wäsche bekleidet, solange die Leichenstarre noch nicht eingetreten ist. Der Arzt wird verständigt.

Ich habe den Verstorbenen in den vergangenen Wochen kennengelernt. Seit mehreren Wochen war er auf der Station. Ich erlebte, wie er immer schwächer wurde. Es ist das erste Mal, dass ich bei der Lagerung mithelfe. Ich muss die langjährige Angst überwinden, während ich mit der Schwester den Raum betrete. Sie hilft mir dabei durch ihre Anwesenheit und mit ihren klar formulierten Aufträgen. Nur so kann ich mich von meinen Hemmungen lösen, helfe mit, den Toten von seinem T-Shirt zu befreien und ihm ein frisches anzuziehen. Ich erlebe die Sicherheit und Ruhe, mit der die Schwester arbeitet und mir die Mithilfe zutraut.

Wir bedecken den Toten mit einem frischen Bettbezug, legen in seine übereinandergelegten Hände frische Blumen aus dem Garten, bringen den Raum in Ordnung, entzünden eine Kerze, stellen ein Kreuz hinzu und aktivieren ein Duftlämpchen für eine angenehme Atmosphäre im Zimmer. Die

Familienangehörigen können sich so über mehrere Stunden hinweg von dem Verstorbenen verabschieden.

Je nach Wunsch bietet die Station, in vergleichbaren Fällen, auch eine Abschiedsfeier an, in der wir an den Toten erinnern, ein Segensgebet sprechen oder eine Meditation vorlesen. Es gibt Raum für vielerlei andere, individuelle Möglichkeiten. Die Verstorbenen können bis zu sechsunddreißig Stunden auf der Station verbleiben, genügend Zeit für die Angehörigen, das jetzt Notwendige zu erledigen.

ANTWORT AN RILKE

Sie fällt nicht,
die Hand,
wie Blätter fallen:
schaukelnd, schwebend, leis,
im milden Sonnenlicht,
vom Winde fortgerissen –
nein, sie plumpst.
Leblos, schwer
aus kurzer abgemessener Höhe,
wie ein Stein.
Auch der Arm, das Bein, der Fuß
und alle toten Glieder.

Sie alle fallen schwer
und endlos tief.

Und mag es dennoch sein,
dass da ein Halten ist,
so braucht es Kräfte,
endlos groß.

(Helfertext 2/2003)

Ein besonderer Moment

Immer wieder in den zurückliegenden Jahren erlebe ich beim Ankommen in der Station, dass jemand in der vorhergegangenen Nacht verstorben ist. So auch an diesem Tag. Die Tür zum Zimmer der Toten ist geschlossen, ihr Name steht noch auf dem kleinen Schild daneben. Ich klopfe an, da ich nicht weiß, ob Angehörige anwesend sind, horche und gehe hinein. Es dauerte, bis ich diesen Schritt ohne größere Anspannung tun konnte.

Ich setze mich auf den Stuhl am Bett der Verstorbenen, ein Zeichen, dass schon Angehörige da waren. Es ist ein besonderer Augenblick an diesem Nachmittag. Die Stille im Raum wird nur von den Geräuschen der Straße unterbrochen, die durch das gekippte Fenster hereindringen. Ich zwinge mich, dazubleiben und ruhig zu werden.

Ich bemerke die entspannten und gelösten Gesichtszüge der Verstorbenen, die helle, wächserne Haut, den leicht geöffneten Mund und bin überrascht, wie mich der Friede auf dem Gesicht der Toten beruhigt. Ich schaue auf die Blumen in ihren Händen, auf die Blütenblätter, die über das den Körper bedeckende Leintuch verstreut sind.

Gedanken irrlichtern durch meinen Kopf. Fragen tauchen auf. Was geschieht konkret mit der Toten vor mir in diesem Augenblick? Ist es so, wie es die Antwort des Glaubens verspricht, in dem ich aufgewachsen bin? Er redet von der ‚unsterblichen Seele‘, die im Tod den Körper verlässt. Die Verkündigung der Kirche folgt dabei einer Theorie, die auf den griechischen Philosophen Aristoteles (4. Jh. v. C.) zurückgeht und die vom Kirchenlehrer Thomas von Aquin (13. Jh.) übernommen wurde. Dabei bleibt, so die gläubige Annahme, die individuelle Personalität der oder des Verstorbenen erhalten. Mir fällt dazu der Vers ein, den die freundliche, ältere Nonne stets am Bett der Toten betet: »Ins Paradies mögen dich Engel geleiten, die Märtyrer dich empfangen …«. Wahrhaftig, ein phantastisches Mysterienspiel, das da in Bildern dargestellt wird!

Ich suche im Chaos der Meinungsvielfalt eine überzeugende, vernünftige Antwort, die es wohl nur als Angebot des Glaubens oder als philosophisch-spirituelle Spekulation gibt. Jedenfalls haben über Jahrtausende hinweg Menschen Rituale und Begräbniszeremonien gefunden, um dem Tod den ‚Stachel‘ zu nehmen, wie die Bibel sich ausdrückt. Doch werden wir immer wieder auf neue und brutale Weise mit Sterben und Tod konfrontiert, immer wieder tanzt der dunkle ‚Gevatter aus dem Märchen‘ seinen nie endenden Reigen, erzeugt Trauer, Resignation und Verzweiflung. Dennoch, die vertrauensvolle, gar trotzige Hoffnung über den Tod hinaus ist unter uns Menschen nicht zu verdrängen. Vielleicht gerade deshalb nicht, damit Resignation und Verzweiflung nicht das letzte Wort haben. An dieser verwegenen Hoffnung versuche ich mich festzuhalten, auch angesichts des leblosen Körpers vor mir auf dem Bett.

Auf dem Tischchen neben der Toten brennt eine Kerze. Das daneben liegende kleine Holzkreuz und die kleine Schale mit geweihtem Wasser lassen mich die gläubige Hoffnung der Frau erahnen. Bevor ich den Raum verlasse, nehme ich daher einen Tropfen aus der Schale und zeichne damit der Toten ein Kreuz auf die Stirn.

Ein Traum
Wenige Tage nach Mutters Beerdigung war es. Ich trete in das Zimmer, aus dem ich an jenem Novemberabend erschreckt geflohen bin. Diesmal bleibe ich. Wie damals sehe ich die Tote im hellen Leichenhemd liegen. Im Moment, da ich mutig nähertrete, richtet sich die Tote auf und blickt mich an.

Eine Abschiedsfeier

Herr A. ist gestorben. Seine Frau, vom diensthabenden Pfleger informiert, kommt mit ihrem erwachsenen Sohn, um sich vom Ehemann und Vater zu verabschieden. Beide haben unserem Vorschlag einer kleinen Feier zugestimmt. Wir haben auf dem Nachttischchen ein Kreuz, eine Kerze, eine Schale mit geweihtem Wasser und Blumen hergerichtet. Wir sind zu viert. Im Raum nur gedämpftes Licht an diesem späten November-Nachmittag. Frau A. sitzt am Bett des Toten und trocknet ihre Tränen.

Wir verharren still für Augenblicke. Dann beginnt der Pfleger über den Kranken zu sprechen, darüber, wie wir seinen Aufenthalt auf der Station erlebt haben. Ein ruhiger, disziplinierter Patient sei er gewesen, einer, der seinen letzten Weg gefasst und vorbildlich gegangen sei. Weiter spricht er vom Trost, den der Glaube verheißt und vom Vertrauen auf die Vollendung in einem neuen Leben. Er hat immer wieder mit der Ehefrau gesprochen, er weiß von ihrer religiösen Überzeugung und geht auf diese Weise auf sie ein. Wieder ist es für Momente still im Zimmer.

Danach lese ich den Gute-Hirten-Psalm vor. Gemeinsam beten wir das Vaterunser, an das sich ein Segensgebet anschließt. Eine Besonderheit ist heute zusätzlich möglich, weil der pflegende Fachmann für solche Fälle seine Gitarre auf der Station hat, so dass wir zum Abschluss ein Lied mit musikalischer Begleitung singen können. Mutter und Sohn sind dankbar für die meditativen Augenblicke des Innehaltens und des Trostes.

Das ist nur eine der vielen Möglichkeiten, eine gedenkende Verabschiedung abzuhalten. In der Mehrzahl, so erlebe ich es, sind es religiös orientierte Menschen, die auf der Station ihren letzten Weg gehen. Aber auch andere Religionen und Glaubensrichtungen sind vertreten, Patienten, die sich keiner Religion verbunden fühlen, sondern ihren eigenen spirituellen Weg gegangen sind. Es gibt in der Literatur die verschiedensten Anregungen und Texte, um so eine Gedenkfeier bei den aufgebahrten Verstorbenen auf dem Zimmer zu organisieren. Das Hospiz bietet hierfür gute Voraussetzungen, gerade dann, wenn die Angehörigen in eigener Regie eine Verabschiedung gestalten möchten.

Frau B.

Immer wieder erlebe ich, dass Patienten spontan von ihrem Schicksal erzählen. So auch diese Frau. Sie ist neu auf der Station. Als ich in ihr Zimmer komme, um mich vorzustellen, sitzt sie in einer leichten Sportkleidung mit angezogenen Beinen auf dem Bett. Sie lächelt, meint, ich solle mich doch setzen und zeigt mir mit ihrem freundlichen Verhalten, dass ich willkommen bin. Das ermutigt mich. Es handelt sich um den glücklichen Fall eines spontan gelingenden Kontaktes. Ich erkläre, sie würde mich immer wieder an diesem Nachmittag in ihrem Zimmer sehen, ich werde nach ihr schauen, wenn sie läutet, und sie nach ihren Wünschen fragen. Ich erkundige mich, seit wann sie im Hospiz ist und wie es ihr jetzt im Moment geht.

Vor wenigen Monaten noch, so beginnt sie, habe sie ihre Besorgungen mit dem Fahrrad erledigt, das Essen für sich und ihren Mann vorbereitet und sich über ihr unabhängiges und freies Leben gefreut, wenn, ja, wenn nur nicht dieser hartnäckige, trockene und heisere Husten gewesen wäre, der nicht aufhörte, so dass sie nach einigem Zögern endlich den Arzt aufsuchte. Es begann in der Folgezeit dieser mühevolle und langwierige Weg von einer Untersuchung zur anderen, von vagen Diagnosen zu der letztlich so sicheren und niederschmetternden. Es handele sich bei ihr um einen in ihrer Lunge sich ausbreitenden Tumor, der wegen seiner diffusen Art nicht zu operieren sei. Der Arzt war ehrlich und eindeutig. Sie hatte es ausdrücklich so verlangt. Sie wollte die Wahrheit wissen.

Gestehen müsse sie, so die Schwerkranke, dass sie schon beunruhigt gewesen sei über den Gewichtsverlust, den sie an sich wahrgenommen habe, bevor sie ärztlichen Rat einholte.

Aber dass es so schlimm sei, wollte sie nicht wahrhaben. Was sollte sie tun?

Schlimme Tage folgten. Chemotherapie oder nicht? Ihr Mann und ihre Söhne drängten sie dazu. Sie war unschlüssig, konnten ihr die Ärzte doch nichts versprechen. Eine kurze, Monate dauernde Lebensverlängerung vielleicht, verbunden mit den körperlichen Beschwerden, die eine Chemotherapie mit sich bringt. Sie brauchte nicht lange, bis es für sie feststand: die Entscheidung fürs Hospiz, die sie allein traf und als fest Entschlossene ihren Lieben mitteilte. Die wollten sie umstimmen. Vergeblich. Frau B. wollte ihrem Mann nicht die Beschwernisse einer ambulanten, häuslichen Pflege mit all den belastenden Konsequenzen zumuten. Sie blieb bei ihrer Entscheidung, bekam einen Platz und war sich sicher, das für sie Zutreffende und Richtige getan zu haben. Das konnte sie ihren Angehörigen so beeindruckend bei deren Besuchen vermitteln, dass diese, von ihrem Entschluss überzeugt, getröstet nach Hause fuhren und in der Folge oft bei ihr zu Besuch waren.

Es berührt mich jedes Mal von neuem, Patienten in ihrer Entschlossenheit zu erleben, dem Sterben mit all seinen bekannten und überraschenden Begleiterscheinungen ins Auge zu blicken. Frau B. war dazu noch in einem Alter, in dem andere sich auf einen erlebnisreichen Ruhestand freuen, ohne die lästigen beruflichen Zwänge. Sie war weit davon entfernt, ,lebenssatt', heißt, in einem Alter zu sein, in dem der Tod keine Überraschung ist. Nein, sie war eine vitale, lebhafte, neugierige Frau mit einem wachen Verstand. Sie erleichterte mir mit ihrer persönlichen seelischen Stärke, zu ihr ins Zimmer zu kommen. Nicht nur das. Ich ging gern zu ihr. Von ihr konnte ich erfahren, was es konkret heißt, mit einer tödlichen Krankheit und einer vernichtenden Diagnose konfrontiert zu werden und diese Erfahrung gelassen und mutig zu ertragen. Mit ihr konnte ich offen und fragend über Sterben und Tod sprechen. Umso betroffener war ich dann, als sie verstorben war, kurz bevor ich an einer der darauf-

folgenden Spätschichten in die Station kam.

Ich war gerade durch die Glastüre in die Station getreten, als die betreuende Schwester mir die traurige Nachricht mitteilte. Sie zeigte sich selbst entsetzt über das Geschehen vor wenigen Minuten. Sie war bei der Kranken im Zimmer gewesen, so erzählt sie mir, hatte sie jedoch verlassen müssen, da sich der behandelnde Arzt im Stationszimmer über die aktuelle Situation informierte, eine Aktion, bei der sie auch zugegen sein musste, um vom Mediziner eventuell neue Anweisungen für Frau B. zu erhalten. Das war, so die Schwester weiter, eine Sache von ein paar Minuten gewesen, mehr nicht, doch hätten diese für die Kranke gereicht, um sich lautlos zu verabschieden.

Bei Herrn Z.

erlebte ich Ähnliches, mit dem Unterschied, dass er weit in den 80ern war und ungeduldig fast auf den Tod wartete.

»Er«, meinte er und deutete dabei vielsagend nach oben, »er mag mich noch nicht.«

Dabei habe er alles geregelt, mit seinen beiden Töchtern sei er ,Ein Herz und eine Seele', das Erbe geordnet und testamentarisch festgelegt. Hinzu käme seine Zufriedenheit mit seinem Leben, ein glücklicher Mensch sei er gewesen und beruflich nicht ohne Genugtuung und Erfolg. Er sei bereit.

Wieder diese Direktheit und Klarheit angesichts der bedrohlichen Situation. Auch zu Herrn Z. kam ich gern, auch ihn konnte ich nach seinen Erlebnissen mit Arztbesuchen, mit deprimierenden Diagnosen, mit vergeblichen Therapieversuchen und enttäuschten Hoffnungen fragen, ohne auf Schweigen oder gar Widerstand zu stoßen. Bei all diesen Erfahrungen war er an ehrlicher Aufklärung von ärztlicher Seite interessiert als Voraussetzung für seine nun anfallenden Entscheidungen.

Im Übrigen mochte er Grießbrei am Abend und freute sich darauf von dem Augenblick an, da ich ihn zu Beginn meiner Schicht begrüßte. Da ging es nur noch darum, was er zum süßen Brei als Beilage wollte, ob ein fertiges Apfelmus aus dem Glas oder Eis oder tagesfrisches Obst.

In den Tagen, da sich sein Zustand rapide verschlechterte, kamen die beiden Töchter von weither, von der Station verständigt. Ich war im Dienst und informierte die beiden über die Möglichkeit der Übernachtung im Haus, von der sie gerne Gebrauch machten. Ich versorgte sie mit Kaffee und Kuchen und fragte sie am späten Nachmittag auch nach ihren Wünschen nach einer Abendbrotzeit. Die ältere der beiden entschied sich für ein Käsebrot, und die jüngere meinte, den Tränen nahe, sie möchte den Grießbrei, von dem ihr der Vater bei ihren Besuchen stets vorgeschwärmt habe.

Kehrseite

Diese gibt es zuhauf auf der Station. Patienten, die einen dornigen letzten Weg gehen müssen, bevor sie sterben können. Schwere Tumor-Erkrankungen, aber auch degenerative Nervenerkrankungen haben schmerzhafte und quälende Symptome zur Folge, die Patienten in ihrem Befinden stark beeinträchtigen und denen auch mit Beruhigungs- und Schmerzmittel oft nur unzureichend beizukommen ist. Diese Kranken sind deprimiert bis verzweifelt und müssen, zusammen mit ihren Angehörigen, mit einem furchtbaren Schicksalsschlag fertig werden.

Das erlebe ich beispielsweise auch bei der 37jährigen Mutter, die einen fünf Monate alten Säugling zurücklassen musste, als sie in die Station eingeliefert wurde, und dessen Baby-Foto an der Wand, ihrem Bett gegenüber, befestigt war. Stets hatte sie das Neugeborene im Blick. Die Pflegeschwestern hatten mir vom furchtbaren Schicksal der Frau erzählt. In solchen oder ähnlich gelagerten Fällen benötige ich Zeit, um die Hemmschwelle ins Zimmer hinein zu überwinden. Das passierte in diesem Fall zum ersten Mal, als der junge Vater zu Besuch war. Ich kam mit Kaffee und Kuchen für ihn in den Raum, ein Dienst, der mir den Zugang erleichterte.

Nachdem mich beide Eltern kennengelernt hatten, fiel mir der Weg ins Zimmer leichter. Ich brachte der Patientin in der Folge das Essen und half ihr auch dabei, da sie durch den in ihrem Kopf wütenden Tumor halbseitig gelähmt war. Für diese unterstützende Tätigkeit habe ich lange üben müssen, um die Ruhe und die Sensibilität zu gewinnen, sie den Umständen entsprechend auszuüben. Hektik ist da einfach kontraproduktiv. Das Maß an Geschwindigkeit und die Größe der Portion auf dem Löffel oder auf der Gabel wollen gut berechnet sein.

Im Laufe der Jahre mache ich die Erfahrung, dass ich gern beim Essen helfe, eine Handreichung, die oft vorkommt auf der Station. So auch bei dieser jungen Mama, von der ich weiß, dass sie es auch gernhat, wenn ihr die Fußsohlen mit Öl massiert werden. Das wünschte sie bis zu vier Mal am Tag, da sie nach ihren Worten für die Zeit der Behandlung von trüben und quälenden Gedanken abgelenkt wird.

Einfache Hand- und Fußmassagen hat uns während des Helferkurses eine Therapeutin beigebracht. Sie machte uns Mut, diese basale Stimulation anzuwenden und war vom Erfolg unseres Handelns überzeugt. Meine persönliche Erfahrung gibt ihr recht. Die Massage ist bei den Kranken auf der Station hochwillkommen, spüren sie doch, dass die ‚weit entfernten‘, klammen und oft kalten Füße noch zum Körper gehören, und die Massage zur Beruhigung und Entspannung beiträgt.

Psalm 22

Er hat sich zur Wand
gedreht und
die Decke über sich
gezogen.
In seiner Linken
das Tuch,
mit dem er das Blut
auffängt, das
aus seinem Mund
dringt.

Der Krebs hat
sein Gesicht entstellt.
Es dauert,
bis er stirbt.
Unendlich lang.
Seine Frau sitzt
an der halbgeöffneten
Balkontür,
Schrecken im Gesicht.

(Helfertext 18/2015)

Nochmal Kehrseite

Angelika, in der ‚Mitte des Lebens', an Multipler Sklerose erkrankt und am ganzen Körper gelähmt. Nur ihren Kopf kann sie leicht bewegen und mühsam und schwer verständlich sprechen. Genau das bereitet mir große Schwierigkeiten. Immer wieder muss ich nachfragen, was ich nur ungern tue. An Angelikas Bett ist ein Babyphon angebracht, das bei heftigerem Atmen oder beim Stöhnen der Frau reagiert und die Geräusche ins Stationszimmer überträgt, wenn sie Hilfe braucht. Auf diese Weise alarmiert, gehe ich zu ihr.

Wiederholt sagt sie mir mit gehauchter Stimme ihren Wunsch, den ich nicht verstehe. Sie beginnt zu weinen. Ich entschuldige mich bei ihr und bitte sie um einen letzten Versuch, bei dem ich mich bemühe, die Worte von ihrem Mund abzulesen. Das gelingt mir schließlich. Ich spreche ihr nach, während sie langsam formuliert: »Auf-die-Seite-legen«.

Ich verstehe endlich, atme auf und hole Hilfe.

Für diese Patientin bedeutet eine oftmalige Lagerung große Erleichterung. Wie schon erwähnt, sind die Hauptamtlichen der Station darin wahre Künstler. Auch jetzt ist dies wieder der Fall. Ich helfe der diensthabenden Schwester dabei, indem ich die Kranke, so wie ich das gelernt habe, mit beiden Händen an Schulter und Becken vorsichtig ein wenig anhebe, so dass die Pflegende eine Rolle unterschieben kann. Angelika liegt dann auf einer Körperseite etwas erhöht, eine Lage, die das Wundliegen des Rückens verhindert und Entlastung für den übrigen Körper bringt.

Ich bin beeindruckt, wie diszipliniert und gefasst Angelika ihre schwere Krankheit erträgt und sage ihr das auch. Sie antwortet mir, und ich schaue dabei auf ihren Mund, um zu verstehen.

»Es ist einfach leichter so. Ich bin bereit zu gehen.«

Kehrseite III

Es passiert selten, dass mich Patienten nach aktiver Hilfe beim Sterben fragen. Haben sie doch alle bei der Anfertigung und Unterzeichnung des Hospizvertrags erfahren, von welcher Art die Hilfe ist, die sie im stationären Hospiz erleben werden. Sie sind darüber informiert, dass es sich auf der Station um Lebensbeistand bis zum Schluss handelt, gewährleistet durch eine intensive Pflege und Betreuung, verbunden mit einer optimalen, die Schmerzen bekämpfenden Medikation. In dieser Gewissheit von der stattgefundenen Aufklärung der Patienten begegne ich selbst den Kranken.

Herr M. überrascht mich ohne Vorwarnung mit der Frage, ob ich nicht eine Pistole bei mir hätte. Er könne die Ungewissheit über die Dauer und den Verlauf seiner unheilbaren Krankheit einfach nicht mehr ertragen. Seine Frage traf mich so plötzlich und zum ersten Mal, dass ich mit einer Antwort überfordert war und daher auch zu meinem Leidwesen den Augenblick verstreichen ließ, um ausführlicher über seine Verzweiflung und seine Todesangst zu sprechen.

Ein anderer ‚Gast' war sichtlich enttäuscht, dass ihm auf der Station nicht aktiv beim Sterben geholfen wird. Das habe er sich ganz anders vorgestellt, als er sich für das Hospiz entschieden habe. Er meinte hinzufügend, auch Tieren würde man doch diese Hilfe gewähren, warum nicht auch ihm als einem schwerkranken und leidenden Menschen.

Klage

Die Frau sitzt unterm Sonnenschirm auf dem Balkon vor ihrem Zimmer an diesem sommerlichen Nachmittag. Ich bin während der Versorgung der Patienten mit Kaffee und Kuchen auch zu ihr mit meinen Fragen gekommen. Doch sie deutet als Antwort auf die Wasserflasche auf dem Tischchen neben sich und meint, sie könne seit Tagen kein anderes Nahrungsmittel mehr zu sich nehmen. Sie kämpfe ständig gegen eine lästige Übelkeit.

Ich bleibe bei ihr und setze mich.

Sie empfinde ihre momentane Situation als eine ungeheure Zumutung, fährt sie fort. Wie gern habe sie gelebt, war zeitlebens eine vitale, humorvolle Frau, hatte Soloauftritte bei Faschingsveranstaltungen in ihrer Heimatgemeinde, war Mitglied in einer Theatergruppe und sozial engagiert. Und jetzt? Abgemagert sei sie, bestehe nur noch aus Haut und Knochen, ein Schatten ihrer selbst und so kraftlos, dass sie kaum mit dem Rollator einige Schritte zusammenbringe.

»Selbst, wenn ich einen Strick hätte, ich könnte nicht mehr auf eine Leiter steigen, um ihn an einen Ast zu binden.«

Sie hatte sich immer mehr in Rage geredet und meinte, sie wolle keine sinnlosen Ratschläge oder gar einen Trost hören, den es in ihren Augen gar nicht gäbe.

Ich bin überrascht über ihre Offenheit, höre jedoch aufmerksam zu, davon überzeugt, dass es gut sei, wenn sie ihrer Verzweiflung auf diese Weise Ausdruck verleihen könne.

Ich kann mir die Ängste und vor allem die Verzweiflung vorstellen, von denen Patienten beherrscht werden. Sie gehören zur Trauer und zur Hilflosigkeit angesichts einer unumstößlichen, existenziel-

len Grenzsituation, aus der es keinen Ausweg gibt, außer der oder die Kranke besitzt die innere Stärke, sich dem Verlauf der tödlichen Krankheit zu überlassen und aktiv und willentlich dem Fortgang des Sterbens zuzustimmen.

Inzwischen weiß ich, hilfreich ist als Reaktion auf solche Klagen von Patienten, diese einfach und schlicht anzuerkennen. Ja, diese Situation mit ihrer Endgültigkeit und Bedrohung ist unerträglich. Die Empfindungen dieser Patientin treffen zu. Sie sind real und kein Irrtum. Sterben ist für viele eine Zumutung.

Persönlich geht es mir so, dass es die Angst vor den Schmerzen, vor dem Drum und Dran des Sterbeprozesses ist, die mich beunruhigt. Diese Auffassung kenne ich auch aus vielen Gesprächen. Nicht Angst vor dem Tod und seinem ‚Danach‘, sondern vor dem Sterben ist es, die sich in der chaotischen Unruhe der Todesangst ausdrückt.

Dieser Panik liegen verschiedenartige Ursachen zugrunde, so habe ich es im Kurs gelernt und in der weiterführenden Literatur bestätigt gefunden. Wobei die körperlichen Symptome in der Regel überwiegen. Hinzukommen aber auch individuell-seelische, soziale und spirituelle Komponenten, die die ‚palliative care‘, die mantelartig-umgreifende Betreuung und Sorge, heilend und helfend behandeln möchte.

Im Idealfall stellt diese mehrteilig strukturierte, palliative Behandlung eine echte Hilfe dar. Sie kann sowohl körperliche Schmerzen gezielt zurückdrängen durch eine gelungene Medikation, aber auch seelische Ursachen erkennen und lösen durch verständnisvolle Zuwendung und Nähe von Familienangehörigen, aber auch von Pflegefachkräften, Ärzten, Seelsorgern und Helferinnen und Helfern. Denn oft sind ungelöste Probleme aus dem Leben der Kranken schmerzhafter und bedrohlicher als die rein körperlichen, seien diese individueller, familiärer oder beruflicher Natur, weil sie verdrängt wurden oder von Patienten gar nicht ‚angepackt‘ werden wollen.

Doch die Angst vor Schmerzen ist es, die immer wieder von ihnen und ihren Angehörigen ausgedrückt wird. Die Fachleute sind sich einig, dass die Schmerztherapie bei der ärztlichen Sorge und

Bemühung an erster Stelle steht. Kann der Arzt oder die Ärztin einem Patienten oder einer Patientin glaubhaft versichern, dass er oder sie alles in seiner oder in ihrer Macht Stehende tun werde, um Schmerzen zu lindern und auszuschalten, so ist diese Zusicherung eine wirksame Möglichkeit, Schwerkranke zu beruhigen und zu trösten. Ich ermuntere die Patienten, die mir von ihrer Verzweiflung erzählen, den behandelnden Ärzten davon zu berichten und sie um eine optimale Schmerztherapie zu bitten. Ich habe erlebt, dass der ärztliche Zuspruch und die damit verbundene Versicherung in dieser Sache beruhigend und lösend wirkt und den Wunsch nach aktiver Sterbehilfe verdrängen kann.

Eine Herausforderung anderer Art

Als eine solche erweist sich für mich die abendliche Essens-Zubereitung. Im Unterschied zur nachmittäglichen Kaffee-Zeit, in der wir frisch gebackenen Kuchen, verschiedene Getränke, aber auch Eis oder Joghurt anbieten können, müssen wir während dieser Phase auch kochen, in einem verminderten Ausmaße natürlich, wie dies unsere stationäre Teeküche eben ermöglicht. Einfach ist es, wenn ein Patient Suppe vom Mittagessen wünscht. Diese wird wegen ihrer guten Verträglichkeit auch am Abend immer wieder gegessen, gehören doch die verschiedenen Varianten dieser Speise auch zu den Spezialitäten der Köchinnen im Haus und können mühelos im Mikrowellengerät aufgewärmt werden. Dazu passiert es, dass ein Patient sein für ihn persönlich hergerichtetes und noch vorhandenes Essen vom Mittag aus den verschiedensten Gründen noch nicht verzehren konnte und dies vielleicht jetzt zur abendlichen Zeit tun möchte. In beiden Fällen habe ich das schon erwähnte Gerät schätzen gelernt, das uns hilft, die in einem Behälter aufbewahrten Speisen vorzubereiten.

Schwieriger ist jene Variante, wenn Patienten fragen, was es denn zur Abendbrotzeit gebe. Neben der noch vorhandenen Suppe verbleiben in meiner Aufzählung der möglichen Speisen Angebote, wie ich sie zu Beginn meines Berichtes schon erwähnt habe. Sind die notwendigen Zutaten im Kühlschrank, können wir neben Wurst- oder Käsebroten auch einen Wurstsalat anbieten, im Sommer zum Beispiel (nicht zu vergessen: am Mittwochnachmittag muss ein Einkaufszettel geschrieben werden, der fehlende Lebensmittel beinhaltet), oder fertigen Fleisch-, Eier- oder Käsesalat – alles Speisen für jene Kranke, die diese gemäß ihrem momentanen Ergehen auch vertragen können. Leichter verdauliche Kost wäre ein fertiger oder aktuell gekochter Pudding, Joghurts in der weißen oder fruchtigen Art und nicht zuletzt Grießbrei, frisch gekocht, mit Apfelmus oder Eis serviert. Ich erinnere mich gern an die Ehefrau eines Patienten, die bei meiner Aufzählung dieser Essensvarianten regelrecht begeistert war über das reichliche Angebot unserer abendlichen Speisekarte.

Diese Vorschläge müssen dergestalt hergerichtet werden, dass es dem Auge gefällt und appetitanregend wirkt. Ich habe diesbezüglich vom Beispiel der Schwestern gelernt und meine eher bescheidenen Koch- und Herrichte-Künste im Laufe der Zeit erweitert.

Sind alle Zimmer belegt, und kann die Mehrzahl der Kranken problemlos essen, beginnt in der kleinen Küche hektische Betriebsamkeit. Alle drei in der Spätschicht Aktiven helfen zusammen und kommen mit den Wünschen der Kranken in die Küche zurück, um das Essen zuzubereiten. Es wird eng, die Arbeitsfläche ist begrenzt. Doch nicht mehr lange in dieser Art. Tut sich doch etwas im Norden der Stadt in Richtung eines Stations-Neubaus, der eine geräumige Küche mit besten Bedingungen verspricht.

Doch im Moment braucht Schwester Susanne den Herd mit seiner größeren Kochplatte für die Rühreier mit Schinken für den Patienten auf Zimmer 5, dazu eine Scheibe vom Mischbrot, das sie aus der geräumigen Brot-Schublade nehmen muss. Sie benötigt Platz für das große Tablett, um das fertige Essen darauf zu stellen.

Pfleger Moritz hat den Wunsch von Frau B. nach der vorzüglichen Tomatensuppe vom Mittag mit in die Küche gebracht. Er sucht einen Zugang zur Mikrowelle, dazu Raum für das kleinere Tablett, auf das er die Suppenschale und die Nachspeise in Form eines Fruchtjoghurts stellten kann.

Ich selbst sammle die Zutaten für den Grießbrei zusammen, den Herr Z., wie seit mehreren Wochen, auch an diesem

Mittwoch wieder bei mir bestellt hat, während ich darauf warte, dass ich die kleinere Platte des Herdes für das Stieltöpfchen in Beschlag nehmen kann, um in diesem die Milch heiß zu machen für den nur leicht gesüßten Brei. Dabei muss jeder von uns sich elegant an den anderen vorbeilavieren, muss den Mitstreiter oder die Mitstreiterin sanft auf die Seite schieben, um an eine Schublade oder an einen Hängeschrank zu kommen, in denen ein Teller, eine Pfanne oder ein Glasschälchen verstaut sind, die er oder sie benötigt, um seine oder ihre Zubereitung zu vollenden.

Sind wir endlich mit unseren Ergebnissen zu den Zimmern unterwegs, verbleiben immer noch sechs Patienten zu bedienen. Inzwischen ist jedoch der Zusteller aus der Apotheke mit den am Nachmittag per Fax bestellten Medikamenten eingetroffen und ruft nach einer Schwester, die diese kontrollieren und deren Vollständigkeit feststellen muss. Dieser Vorgang dauert, denn bei den Medikamenten ist eine akribische Kontrolle wichtig. Wir wären jetzt immerhin noch zu zweit, wenn nicht Frau M. um Hilfe rufen würde. Es ist dringend. Dieser Wunsch geht vor. Moritz kümmert sich darum.

So bleibe ich allein übrig, mache eine kurze Aufräum-Aktion in der Küche, um Platz für die übrigen Vorbereitungen zu schaffen, erledige einen Wunsch nach dem anderen und komme dabei ordentlich ins Schwitzen. Irgendwann kommt auch der Pfleger zurück, und zusammen bringen wir die abendliche Brotzeit zu einem guten Abschluss.

Habe ich schließlich das Geschirr aus den Zimmern geholt, räume ich die Spülmaschine ein, eine Tätigkeit, bei deren logistischer Raffinesse ich viel von den versierten Schwestern gelernt habe. Denn merke: das reinigende Wasser erreicht nur die Teile, die entsprechend platziert sind, so dass auf diese sorgsame Weise das heiße Nass seine Arbeit auch zufriedenstellend erledigen kann.

Zuvor jedoch habe ich das Geschirr von übrig gebliebenen

Essensresten befreit und diese in eine eigens dafür bereitstehende Box entsorgt. Diese organischen Abfälle werden wiederum in einem eigenen Verfahren zu Biogas und damit zu Energie verwandelt. Ein guter Weg, fällt doch im stationären Hospiz, der Natur der Einrichtung entsprechend, eine nicht geringe Menge solcher Überbleibsel an.

Sicher, dieser Arbeitsteil in meiner zu Ende gehenden Spätschicht erfordert eine hohe Konzentration. War sie zu Beginn meines Dienstes vor sechzehn Jahren überschaubar und recht gut zu meistern, hatte sie sich, nach der erfolgten Erweiterung der Station auf neun Betten, zu einer Pflicht gemausert, die mir großen Respekt abverlangt. Zur Hektik neigend, komme ich schnell in Stress und verliere dann den Überblick. Immer noch bemühe ich mich um Gelassenheit und um ein langsames, ruhiges Arbeitstempo, läuft mir doch nichts und niemand davon.

Ist dieser Teil der Arbeit in der Küche getan, fällt die Anspannung der Essenszubereitung von mir ab, und ich kann gelöst die Aufräumarbeiten erledigen. Neu geöffnete und nicht ganz verbrauchte Wurst- oder Käsepackungen überziehe ich mit einer Folie, schreibe darauf das Öffnungs-Datum und lege sie in den Kühlschrank zurück, ebenso die übrigen Lebensmittel in Gläsern oder in Kunststoffdosen. Ich reinige die Arbeitsfläche, den Esstisch und das Spülbecken, versorge die schmutzigen und gebrauchten Reinigungs- und Geschirrtücher in einem Extra-Beutel im großen Pflegebad. Den bringe ich vor Verlassen der Station in die Waschküche, wo diese besondere Schmutzwäsche am nächsten Vormittag gewaschen wird. Ich trage die angefallenen Wertstoffe zusammen mit dem Restmüll in die dafür vorgesehenen Tonnen. Abschließend richte ich die Teller, die Tassen und das Besteck für die beiden Hauptamtlichen der Nachtschicht her, schmücke die Gedecke mit einer bunten Serviette und lege einen Gaumenschmeichler aus der ‚süßen Schublade' dazu.

Inzwischen ...

haben die beiden Fachleute mit der abendlichen Pflege der Patienten begonnen. Ich selbst habe die Reinigung der Küche beendet und verlasse gerade den Raum, als die Tochter der Patientin im Zimmer gegenüber mich um einen Joghurt für ihre Mutter bittet. Haben wir da was übersehen? Sie verweilt, um sich mit mir zu unterhalten, während ich das Gewünschte herrichte. Aus hygienischen Gründen darf ich sie nicht in die Küche lassen. So steht sie auf dem Flur vor der offenen Küchentür und beginnt zu erzählen, welche Erleichterung für sie als Berufstätige die Unterbringung ihrer schwerkranken Mutter im Hospiz bedeutet. Sie weiß diese in guten Händen und findet in der Regel nach Dienstschluss die Zeit für einen Besuch. Sie hatte als Alleinstehende nicht die Möglichkeit einer ambulanten Betreuung gesehen. Beide Frauen nahmen daher die Chance eines frei werdenden Zimmers auf der Station wahr und sehen nun bei allem Kummer zuversichtlich dem Kommenden entgegen. Ihre Mutter sei vorbereitet und wisse von der Endgültigkeit des letzten Weges auf der Station. Das habe sie vor allem bei der Vorbereitung des Hospizvertrages bemerkt. Bei allem Schmerz und aller Trauer sei auch ihre Mutter froh über diese Lösung gewesen, wollte sie doch der Tochter die Bürde einer ambulanten Pflege ersparen.

Viele Angehörige äußern sich auf ähnliche Weise. Von einer schweren und unheilbaren Krankheit sind alle Familienmitglieder betroffen. Oft kommt eine solche Diagnose völlig unerwartet, wie der sprichwörtliche ‚Blitz aus heiterem Himmel'.

Vor einem Monat, so klagte eine Patientin verzweifelt, sei sie noch täglich mit ihrem Rad zum Einkaufen gefahren.

Je nach der aktuellen Situation in der Familie ist eine häusliche Pflege einfach nicht möglich. Immer häufiger ist das der Fall. Besonders betroffen sind ältere Ehepaare, und dabei vor allem ein zurückbleibender Mann, der solcher Herausforderung nur in den seltensten Fällen gewachsen ist. Wir erleben die täglichen Besuche der Ehepartner, die über Stunden hinweg am Bett der Kranken sitzen oder über Nacht bei ihnen bleiben, wenn das Ende abzusehen ist. In diesen Fällen wird die unterstützende Hilfe unseres Hospizes besonders deutlich. Palliativversorgung in ihrer besten Form.

Obwohl unsere Krankenzimmer räumlich nicht allzu großzügig bemessen sind, bleibt immer noch Platz für eine einfache Liege, wenn jemand bei den Kranken übernachten will. Ich richte diese im Zimmer her, überziehe die Matratze mit einem Spannbetttuch und lege Kopfkissen und Bettdecke ebenso vorbereitet dazu. Für das notwendige Frühstück und eine Brotzeit am Abend sorgen die Schwestern und die Helferinnen und Helfer auf der Station, für das Mittagessen ist die Hauptküche zuständig. Großen Hunger haben die unter nervlicher Anspannung Stehenden eh nicht, wie die Erfahrung zeigt.

Mich beeindruckt dieses Ausharren am Krankenbett eines Angehörigen, das bei allen Verwerfungen des vergangenen Lebens von Jahren der Zuneigung und Liebe geprägt ist. Ich stelle mir vor, die Geborgenheit auf der Station und ihr familiäres Ambiente erleichtern Ehepartnern oder Kindern diese helfende und tröstliche Anwesenheit bei den Patienten, sind doch jederzeit ein fachlicher Ansprechpartner oder eine fachliche Ansprechpartnerin da, die um Rat und Hilfe gefragt werden können.

Es ist nicht verwunderlich, dass die Arbeit und die Mühe einer umfassenden Versorgung der Schwerkranken auf der Station bei den Familienangehörigen in den meisten Fällen höchste Anerkennung und großes Lob erfahren. Unsere Gästebücher sind voll davon. Eine Frau, die sich über Wochen um ihren schwerkranken Ehemann kümmerte und sich dabei einen Eindruck von der Arbeitsfülle und von dem Engagement der Aktiven machen konnte, zeigte ihre Begeisterung im Entschluss, den Vorbereitungskurs zur Hospizhelferin mitzumachen und sich darüber hinaus aktiv im Hospiz-Verein zu engagieren.

Die oben erwähnte Tochter hat allen ‚Stationsengeln' (ohne Flügel), so ihr persönlicher Eindruck, nach dem Tod ihrer Mutter eine ganze Heerschar von selbstgebastelten Engeln (mit Flügel) geschenkt, so dass sich jede und jeder von uns einen dieser papierenen Helfer als Andenken aus dem Körbchen nehmen konnte.

Vor Jahren hatte eine andere Tochter die gleiche Idee und brachte nach dem Tod ihres Vaters ein großes Backblech voller sitzender weißer Engelchen, die sie aus einem winzigen Blumentöpfchen gebastelt hatte, als Dankeschön auf die Station. Auf jeden von ihnen hatte die Frau die Namen der guten Stationsgeister geschrieben, die sie während der vergangenen Wochen der schweren Krankheit ihres Vaters kennengelernt hatte. Bis heute sitzt dieser kleine Kerl bei uns im Wohnzimmer im offenen Fach des Bücherregals und lächelt mich an.

Merkwürdig

Es sind Erlebnisse, die immer wieder vorkommen. So wie bei jener Patientin, die täglich von ihrem Ehemann besucht wird, meistens am frühen Nachmittag, und der dann bis zur abendlichen Essenszeit bleibt. So auch an jenem Tag, als seine Frau auf seine Fragen und Anmerkungen nicht mehr verständlich reagieren kann. Sie fällt immer wieder in tiefe Phasen von Schlaf. Ich bemerke seine Unruhe, wiederholt erkundigt er sich bei der Schwester nach dem Befinden seiner Frau.

Spürt diese die Nervosität, von der ihr Mann beherrscht wird? Was geschieht zwischen den beiden? Er ist ungeduldig, geschafft vom Verweilen im Krankenzimmer. Über Tage hinweg kommt er in die Station. Zuverlässig. Er weiß, dass seine Frau sterben muss, doch warum geht das so lange? Er resigniert schließlich, meldet der Schwester, er gehe jetzt, er könne die Situation nicht mehr ertragen.

Er ist noch nicht lange weg, als sich das Befinden der Patientin zu verändern beginnt. Ihre Atempausen vor allem werden länger. Im Zimmer wird es dunkel. Das warme Licht der kleinen Lampe am Bett liegt sanft auf ihrem Gesicht. Die Schwester bittet mich, bei ihr zu bleiben. Die Frau, meint sie leise, ‚mache sich auf den Weg'.

Wie recht sie hat. Nicht lange sitze ich an ihrem Bett. Ich schaue auf das helle Gesicht, bemerke, wie es sich entspannt, achte auf die Atempausen und erlebe die sich ausbreitende Stille im Raum. Ich beuge mich schließlich über die Sterbende, erspüre den schwachen, leisen Atemzug, verharre, wage selber nicht zu atmen und rufe die Schwester.

Es ist noch keine Stunde vergangen, seit ihr Mann sie verlassen hat, als die Frau stirbt.

Zu spät

Ein Mann fragt telefonisch an, ob er seine, von ihm geschiedene Frau besuchen kann. Man möge doch bei der Schwerkranken nachfragen, bittet er. Er habe von Bekannten erfahren, dass sie im stationären Hospiz sei.

Die Sterbende ist ansprechbar und stimmt zu in ihrer Agonie. Sie ist jung und dem Krebs im Körper hilflos ausgeliefert. Weit ist sie schon auf dem letzten Weg.

Als der Mann im Hospiz eintrifft, ist sie wenige Minuten vorher verstorben. Sicher hatte er einiges ‚auf dem Herzen‘, das er loswerden wollte?

Die Tochter

Sie lebt mit ihrem amerikanischen Mann und ihren Kindern in Kalifornien und ist für wenige Tage nach Augsburg gekommen, um bei ihrer kranken Mutter auf der Station zu sein. Beide sind ein Herz und eine Seele und haben viel miteinander zu besprechen. Oft ist die Tochter bei der Kranken.

Doch steht für die beruflich aktive Frau ein wichtiger Termin im fernen Land vor der Tür. Dieses Problem bereitet ihr Kummer. Sie ist unruhig und im Zweifel, was sie tun soll. Sie spricht mit dem Arzt, mit den Schwestern, mit ihrer Mutter. Die rät ihr zurückzufliegen, gehe es doch um eine beruflich entscheidende Sache. Sie sei noch in ordentlicher Verfassung und wisse ja, die Tochter würde nach der Erledigung der anstehenden Pflichten spätestens nach einer Woche wieder zu ihr kommen. In dieser Zuversicht verabschiedet sich diese von der Kranken. Nach wenigen Tagen jedoch verschlechtert sich deren Zustand. Sie stirbt. Die diensthabende Schwester ist bei ihr und schickt die traurige Nachricht telefonisch über den großen Teich.

Geschwister

Die Frau sitzt nun schon seit Stunden am Bett des sterbenden Bruders. Als Ingenieur in leitender Position hat er ein Leben lang allein gelebt, war, wie man so sagt, mit seinem Beruf verheiratet und geht nun den letzten Weg in der Obhut der pflegenden Station, von seiner Schwester umsorgt und betreut. Täglich ist sie bei ihm. So auch an diesem Nachmittag, an dem ihr der Pfleger mitteilt, dass ihr Bruder ‚auf dem Weg‘ sei. Sie setzt sich an sein Bett, hält seine Hand, drückt sie sanft und spürt, wie der Kranke ihren leisen Händedruck erwidert. Immer wieder. Er spricht nicht mehr. Irgendwann an diesem Nachmittag empfindet sie keine Reaktion mehr auf ihren sanften Druck.

Später dann, ermüdet vom langen Sitzen, verlässt sie für Augenblicke das Zimmer, um eine Tasse Kaffee zu trinken. Sie hält sich in unserem ‚Wohnzimmer‘ auf, spricht mit dem Fachmann, der sie darüber aufklärt, dass sie sich nicht beunruhigen solle über das heftige, röchelnde Atmen des Sterbenden. Auf diese Weise beruhigt, verweilt sie noch. Als sie daraufhin zum Kranken zurückkommt, hat dieser aufgehört zu atmen. Wollte er allein sein?

Die Mutter

Ihr Zustand hatte sich deutlich verschlechtert. Ihre Tochter will daher über Nacht bei ihr bleiben und bittet uns um die Liege, die wir für solche Fälle im Zimmer bereitstellen. Doch ist ‚es' noch nicht so weit. Oft wird das Warten schwer. Inzwischen ist es schon die dritte Nacht, in der die Tochter mehr wach als schlafend am Bett der Kranken ausharrt. Immer wieder steht sie rauchend auf dem Balkon des Zimmers. Dann endlich legt sie sich übermüdet für einen Moment, wie sie meint, auf die Liege, wird sofort vom Schlaf übermannt und erwacht verwirrt, als die Nachtschwester ins Zimmer kommt, um nach der Mutter zu sehen, die vor wenigen Augenblicken gestorben ist. Nie wird die Tochter, so erzählt sie mir, dieses Erlebnis vergessen.

Davon erzählen mir die Fachleute aus ihrer jahrelangen Erfahrung heraus, dass manche Sterbende im entscheidenden Moment allein sein wollen. Das erleben sie immer wieder. Natürlich handelt es sich um eine subjektive Erfahrung des Personals, die jedoch einen gewissen Zauber im Zuhörer auslöst. Vielleicht ist es einfach Zufall, der immer wieder mal zu beobachten ist.

Die Bestürzung über eine tödliche Diagnose trifft neben den Kranken alle Mitglieder einer Familie, sie ist jedoch je nach Temperament verschieden. So wie sich Angehörige um die Schwerkranken kümmern, so sind diese ihrerseits um ihre Lieben besorgt und wollen diesen nicht mehr als nötig zur Last fallen. Daher auch deren verständlicher Wunsch, bei den letzten Schritten allein zu sein. Doch kann es im selben Moment für die Kranken schlicht unmöglich sein, diesen Wunsch einem Ehepartner oder Kindern auch mitzuteilen, weil sie diese nicht verletzen oder kränken wollen. Daher den manchmal eigenartig anmutenden Fall, dass Sterbenden der unausgesprochene Wunsch eines Sterbens ohne Zeugen erfüllt wird.

Auch das ist möglich

Doch gibt es auch den anderen Fall, der sich an einer meiner Spätschichten abspielt. Eine Oma liegt im Sterben, umringt von ihren großen Töchtern und deren Kindern. Es herrscht Leben in ihrem Zimmer. Ich bringe Kaffee und Kuchen für die Erwachsenen, Limo und Saft für die Enkel. Die Kranke ist wach, sie hat noch die Kraft, Fragen zu stellen, den Töchtern zu antworten, mit den Enkeln zu sprechen. Die Jüngsten von ihnen suchen zeitweilig das ‚Wohnzimmer' der Station auf, um sich vor den Fernseher zu setzen.

Dann aber, gegen Abend, stürzt ein junger Bursche mit dunklen Locken, von der Arbeit kommend, in die Station, eilt schnurstracks ins Zimmer der Oma und beugt sich zu der Kranken. Sie, mit letzter Kraft, legt beide Hände zärtlich an seinen Kopf. Ich bin Zeuge. Die Tür zur Kranken steht offen.

So verweilen sie. So bestätigen es danach die Töchter. Es ist, so ihr Eindruck, als hätte die Kranke nur noch auf ihn gewartet. Danach wird es still im Zimmer, nur das Schluchzen der Mädchen ist zu hören.

Letzter Dialog

Wieder anders bei jener Ehefrau, die untröstlich war über das Schicksal ihres kranken Mannes. Von Hoffnung sprach sie, meinte, eine erneute Chemotherapie könne, müsse doch helfen, dazu eine Verlegung in die Onkologie der großen Klinik. Unentwegt redete sie auf diese Weise mit den Schwestern und mit dem Kranken, dem sie keine Ruhe gab.

Dieser jedoch, entkräftet und matt und unendlich müde, wollte nur noch sterben. Wenige Tage später wurde sein Wunsch erfüllt.

ALLEIN

Ich begegne der Frau,
deren Mann
vor ein paar Wochen erst
gestorben ist.

Sie ist gefasst
und redet kurz
und stellt sich vor,
weil ich ihren Namen
vergessen.

Dann wendet sie sich ab
und schluchzt
und unter Tränen
stammelt sie:
Ich schaffe es
einfach nicht.

(Helfertext 9/2005)

In der Praktikumswoche während der Ausbildung zum Hospizhelfer riet mir die betreuende Schwester, ich solle ‚das Problem beim Patienten lassen'. Was sie mir damit sagen wollte, wurde mir im Verlauf meines Dienstes klar. Bei aller Achtsamkeit und Empathie sollte ich Distanz wahren zum Leid von Betroffenen und Trauernden. Um helfen zu können, muss ich selbst möglichst auf festem Boden stehen. Um durchzuhalten in meinem Dienst, sollte ich die Bürde der Schwerkranken nicht nach Hause mitnehmen. Tue ich es dennoch, weil es sich einfach nicht vermeiden lässt, muss ich für mich eine Möglichkeit finden, dass ich dramatische Erlebnisse tragen und verkraften kann. Eine Hilfe besteht schlicht in der Tatsache der einmaligen Schicht pro Woche, in der ich auf der Station mithelfe. Ich habe Zeit, mich zu erholen und über das Erlebte nachzudenken. Als Ruheständler bieten sich mir vor allem während der Sommermonate eine Fülle von Möglichkeiten der Freizeitgestaltung. Ich sorge, soweit dies von mir abhängt, für eine gute körperliche Verfassung. Ich bin viel an der frischen Luft, zu Fuß, mit dem Fahrrad und an den umliegenden Baggerseen.

Dazu habe ich von Anfang an begonnen, die Erlebnisse und Erfahrungen auf der Station aufzuschreiben und daraus Texte zu formen, die ich in Beispielen in diesem Bericht wiedergebe. Diese ganz persönliche Art der Stressbewältigung ist mir wichtig und sehr effektiv.

Das Mädchen

Ich bemerke das Kind, ein etwa fünfjähriges Mädchen mit dunklen Locken, kurz nachdem ich die Station zu Beginn meines Dienstes betreten habe. Es steht im Treppenhaus, nahe der geriffelten Glastüre zur Station, den Kopf gesenkt, vor der Wand, wie wenn es zur Strafe dort stehen müsse. Neugierig öffne ich die Stationstüre und sehe nun klarer, was mir nur verschwommen einsichtig gewesen war. Das Mädchen rührt sich nicht, verharrt in seiner Stellung.

»Du traust dich nicht hereinzukommen.«

Stummes Nicken. Das Kind schaut mich nicht an. Der Lockenkopf bleibt gesenkt.

»Sagst du mir, wie du heißt?«

Ich beuge mich zu den Locken, um zu verstehen, was das Mädchen leise vor sich hinspricht. Zu meinem Glück kapiere ich sofort.

»Tiziana.«

Vermutlich ist sie mit ihren Eltern im Haus, doch weiß ich noch nichts Genaues. Ich erzähle daher Tiziana von unserem ‚Wohnzimmer‘, in dem es Bilderbücher zum Anschauen gebe. Darüber hinaus könnte ich ihr was zum Trinken anbieten. Dieses Angebot überzeugt das Kind. Tiziana geht an meiner Hand zunächst mit zur Küche, wo sie sich für eine gelbe Limo entscheidet. Dann zeige ich ihr den Raum mit den Büchern, dem Fernseher und dem Sofa. Dabei erfahre ich dann auch, dass ihre Mutter zusammen mit Tiziana und ihrer Schwester den Opa ins Hospiz begleitet hat, sie aber das Zimmer, in dem er bleiben sollte, nicht habe betreten können.

Wenig später weiß ich, wo die drei Genannten zu finden sind und kläre die Mutter über den Verbleib ihrer kleinen

Tochter auf. Sie habe sich keine Sorgen wegen ihrer Jüngsten gemacht, erwidert diese, denn weglaufen würde die Kleine bestimmt nicht. Als sich die Drei schließlich vom Kranken und von uns verabschieden und am Gehen sind, höre ich, wie sich Tizianas Schwester bettelnd an die Mutter wendet.

»Aber ich möchte doch auch was trinken.«

Der Bub

Er ist keine zwei Jahre alt. Mit seiner Mama ist er in die Station gekommen. Sie holt die persönlichen Dinge aus dem Zimmer, in dem ihr Vater vor wenigen Stunden verstorben ist. Der Tote liegt aufgebahrt in seinem Bett. Der kleine Enkel war schon oft beim kranken Opa zu Besuch gewesen, der Raum auf der Station ist ihm vertraut. Ohne Scheu geht der Kleine an der Hand der Mutter hinein zum toten Opa.

Ich bringe der Frau Kaffee und Kuchen, bleibe einen Moment und unterhalte mich mit ihr. Auf meinem Weg zurück in die Küche, begleitet mich der neugierige Kleine auf den wenigen Metern. Auf der Schwelle der offenen Tür stehend, schaut er mir bei meinen Tätigkeiten zu. In seiner Rechten hält er ein Spielzeug-Auto, das er mir entgegenstreckt. Doch verweilt er nicht lange, er wendet sich ab und schaut nach der Mutter. Nun werde ich neugierig. Ich folge ihm und sehe, die Zimmertüre steht offen, wie er um das Bett des Toten tappt und auch ihm sein Spielzeug zeigt, das Ärmchen weit in die Höhe gestreckt.

Der Junge

Er leidet unter einer spastischen Lähmung, ist an einen Pflege-Rollstuhl gefesselt und besucht mit seiner Mutter den am Vormittag gestorbenen Großvater. Der war die große Bezugsperson für den Enkel gewesen, sein ‚Ein und Alles', wie die Mutter uns erzählt. Immer, wenn ihn der Bus nach dem Ende der Schule am späten Nachmittag zu Hause abgeliefert hatte, war der Opa bei ihm. Er ließ sich erzählen, was in der Klasse passiert war, hatte unendliche Geduld beim Zuhören, nahm ihn mit auf seinen Spaziergängen, zeigte ihm die Wiesen und Felder und den in der Natur geschehenden Wechsel der Jahreszeiten.

Jetzt schiebt ihn die Mutter aus dem Aufzug in die Station zum nahen Zimmer, in dem der Tote aufgebahrt liegt. Im Moment, da ich die Türe öffne, beginnt der erschreckte Enkel hemmungslos zu weinen. Auch als die Tür geschlossen wird, ist noch lange seine laute Klage auf der Station zu hören.

Die dritte Tochter

Alle waren sie täglich bei der schwerkranken Mutter, gegen den Abend hin, nach der Schule oder nach der beruflichen Arbeit und sorgten sich um sie, voller Angst vor dem Kommenden. Sie legten sich zu ihr ins Bett, liebkosten sie, Schmerz und Trauer teilend. Stets verließen die Töchter die Kranke voller Hoffnung, sie am nächsten Tag wieder zu sehen.

Doch an diesem Nachmittag hatte sich der Zustand der Kranken rapide verschlechtert. Die Schwester bittet mich, bei ihr zu bleiben, bemerkte sie doch die Veränderungen und geht, eine der Töchter telefonisch zu verständigen. Ich setze mich zur Sterbenden und blicke in das jugendliche Gesicht, von dem die feine Röte der Wangen gewichen ist. Ihr Atem ist kurz und schnappend, ein Zeichen für das beginnende Ende, so hatte ich es gelernt. Im Raum wird's dunkel. Nur das warme Licht der Bettlampe erhellt das Gesicht der Kranken. Ihre Atemstöße werden schwächer, setzen ganz aus, beginnen wieder, nach endlos langen Pausen.

Wartet sie auf die Töchter? Es ist die Zeit ihrer Besuche. Oder will sie gehen, bevor sie bei ihr sind?

Ich schrecke auf, als eine der Mädchen, die Tür aufstoßend, ins Zimmer stürzt, laut weinend auf die Knie sinkt, fassungslos. Die Pflegerin ist mit ihr ins Zimmer geeilt und hilft ihr auf, versucht sie zu beruhigen, geht mit ihr zur Mutter, die in diesem Moment aufgehört hat zu atmen.

Ich verlasse die beiden. Minuten später, so erzählt es mir die Pflegerin, nach dem stillen Tod der Mutter, ist die zweite Tochter eingetroffen, ebenso untröstlich und geschockt, und, nach wenigen Augenblicken, meldet sich auch die dritte, die älteste, telefonisch, im Handy ihrer Schwester. Die legt das kleine, eingeschaltete Gerät in ihrer Verzweiflung ans Ohr der eben verstorbenen Mutter, so, als ob diese noch den lauten Schmerz der abwesenden Tochter hören könne.

Mir fällt spontan die Meinung von Fachleuten ein, das Gehör verliere als letztes Organ seine Funktion nach dem Verscheiden.

BIOGRAFIE

Als ich zu ihr komme,
um mich zu verabschieden,
liegt sie schlafend,
tief und fest.
Die Schwester hatte sie eben
für die Nacht gerichtet.

Stunden zuvor,
am Beginn der Schicht,
begrüßte sie mich,
die Lider leicht öffnend,
mit einem wohligen Erkennungslaut,
auf der Seite liegend,
im Bett vergraben.

Ich lege meine Hand
auf ihre freie Schulter,
beginne sie sanft zu wiegen,
während sie mit leisem Schnurren
ihr Gefallen zu erkennen gibt.
Sie spricht nicht mehr.
Nun atmet sie ruhig,
die magere Rechte
auf der Decke gebettet.
Ich verweile,
erinnere ihre Erzählung
von der Vertreibung der Eltern,
Wolgadeutsche,
nach Sibirien zuerst,
dann nach Kasachstan,
dann,
nach langen Jahren,

die mühevolle Reise in den Westen,
dann
die todbringende Krankheit.

Entspannt liegt sie,
ruhig atmend,
nach all den leidgefüllten Erfahrungen
von Diagnose und Therapie,
voller Hoffnung,
resignierter Enttäuschung
und mutiger Zustimmung.
Die Arbeit des Sterbens
fast getan.

Ich werde sie nicht mehr antreffen,
wenn ich wiederkomme.

(Helfertext 3/2016)

Jugendliche Helferinnen

Vor Jahren haben Schülerinnen des sozialen Zweigs der Friedberger Fachoberschule ein Praktikum in unserem Haus begonnen, das im Wechsel mit einer Unterrichtswoche von montags bis freitags dauert, jeweils von acht bis sechzehn Uhr, über ein halbes Schuljahr hin. Ich erlebe dabei die jungen Frauen in den ersten Stunden meines Dienstes am Nachmittag und bin beeindruckt von der Spontaneität und Liebenswürdigkeit, mit der sich die Mädchen den Kranken zuwenden und welche Ausdauer sie dabei zeigen, haben sie doch zu diesem Zeitpunkt schon viele Arbeitsstunden am Vormittag hinter sich. Es ist für mich nicht selbstverständlich, wenn sich die Schülerinnen für den Dienst im stationären Hospiz entscheiden, können sie doch auch eine Kindertagesstätte, eine Sozialstation, ein Pflegeheim oder ein Krankenhaus wählen. Sie sind für die Station eine unschätzbare Bereicherung. Ich empfinde großen Respekt, weil ich die wohltuende Wirkung dieser Helferinnen auf die Patienten wahrnehme. Sie unterstützen sie beim Essen, helfen bei der Pflege, setzen sich zu den Kranken und schauen in der Küche nach dem Rechten. Ihr Dienst ergänzt in jeder Hinsicht die in der Hospiz-Idee beschriebene umfassende, sprich palliative Sorge für die Schwerkranken.

Schwestern und Pfleger

Sie bilden den Dreh- und Angelpunkt der Station, so meine Erfahrung. Täglich werden sie mit dem Schmerz, der Verzweiflung und der Trauer von Schwerkranken und deren Angehörigen konfrontiert und sind dabei, je nach der vereinbarten Arbeitszeit, bis zu sechs, sieben Tage hintereinander im Einsatz, über acht Stunden einer Schicht. Sie sind immer ansprechbar, stets auf den Beinen, bei den Patienten, beim Protokollieren im Stationszimmer, in der Küche und manchmal im Keller, in der Waschküche oder im Pflegebad. Es beeindruckt mich, wenn ich ihre freundliche, aufmerksame und sensible Zuwendung zu den Kranken erlebe und dabei ihr fachliches Wissen und ihr praktisches Geschick kennenlerne. Ich erfahre selbst durch sie beste Unterweisung und Erklärung der verschiedenen Handgriffe, wenn ich auf ihre Bitte hin bei der Lagerung und Pflege der Kranken dabei bin. Sie ermutigen mich, ihre Betreuung, ihr Verhalten hat etwas mit meiner Entschlossenheit zu tun, als Helfer dabeizubleiben.

Ein Haupt-Augenmerk der pflegenden Fachleute gilt, neben der genauen Befolgung der ärztlichen Anordnung der schmerztilgenden Mittel, der Vermeidung von Dekubitus, der schmerzhaften, lokalen Schädigung der Haut, die durch langes Liegen der Langzeitpatienten verursacht werden kann. Ich erfahre von ihnen, dass durch die Verwendung von einem speziellen Dekubitus-Öl in Verbindung mit häufigem Lagerungswechsel dieses Übel erfolgreich aus der Station verbannt wird. Vor allem bei dieser Lagerung ist meine Mithilfe immer wieder mal gefragt.

Ich erinnere mich an die betagte Vinzentinerin, mit der zusammen ich manchen Nachmittag Dienst hatte, zu der Zeit, da die Station, wie schon erwähnt, aus sechs Betten bestand, die nicht immer alle belegt waren. Da kam es schon mal vor, dass die fromme Nonne mit der Bemerkung, sie müsse im Keller etwas erledigen, wegging und mich mit den Kranken allein zurückließ. Für mich als Anfänger der absolute Ernstfall, der im Rückblick jedoch mein Selbstvertrauen stärkte. Hat aber die Abwesenheit meiner ‚Chefin' länger als vorgesehen gedauert, und war ihre Anwesenheit auf der Station unbedingt erforderlich, so wusste ich nach einigen Wochen des Dienstes, dass ich sie nicht mehr im Keller, sondern in der Kapelle finden würde, in ihrem Lieblings-Rückzugsorte. Auch während des abendlichen Gottesdienstes am Freitag war sie dort anzutreffen. In ihrem Gottvertrauen überließ sie mir die Aufsicht auf der Station, darauf wartend, dass ich mich bei Bedarf schon bei ihr melden würde. Davon machte ich auch regen Gebrauch.

Wiederholt konnte ich beobachten, dass die gleiche Schwester nach dem Tod eines Patienten wortlos im Pflegebad der Station verschwand und sich dort für einige Augenblicke aufhielt. Neugierig geworden, wollte ich sie dennoch nicht nach dem Grund ihres Handelns fragen. Den erfuhr ich schließlich von einer Pflegeschwester, die seit Beginn mit ihr zusammenarbeitete, und die mit ihren Gewohnheiten vertraut war. Sie klärte mich darüber auf, dass die Nonne ihre Erschütterung über den Tod verbergen und allein sein wollte mit ihren Tränen.

Ich denke gern an die freundliche Frau mit dem großen Herzen zurück.

PFLEGE KREATIV

Er ist
mit seinem schweren Leib
im Bett nach unten gerutscht,
gekrümmt liegt er darin,
seine Füße stoßen
an das Brett.

Ratlos stehen wir,
beide durch einen Unfall
kreuzgeschädigt,
an seiner Liege.
Nein,
sagt ihm die Schwester,
heben können wir Sie nicht.
Dazu sind wir zu schwach.

Sie geht –
und kommt nach kurzer Zeit
mit einem glänzend-blauen,
großen Plastiksack zurück.

Den schiebt sie gekonnt
unter seinen breiten Rücken,
und so ziehen wir ihn,
das glatte Teil
an beiden Seiten fassend,
wie auf einem dünnen Schlitten
sanft bettauf.

(Helfertext 14/2004)

Der Arzt

Ich sehe ihn mit seiner großen schwarzen Tasche in die Station stürmen, ein jugendlich anmutender, vitaler Mann, der am Montag, Mittwoch und Freitag zur Visite kommt, um die Mittagszeit, so dass ich ihn immer wieder treffe. Ein Palliativ-Mediziner mit einer großen Erfahrung, der die Patienten und Patientinnen besucht, bei denen der Hausarzt oder die Hausärztin die Betreuung nicht übernehmen können. Die Schwestern und Pfleger sprechen mit Hochachtung von ihm. Sie erzählen mir auch, dass er zunächst Krankenpfleger war, bevor er dann sein Medizinstudium absolvierte, eine Tatsache, die mich an den beruflichen Weg von Cicely Saunders erinnert.

Vor allem die Art und Weise sei es, so die Fachleute auf der Station, wie er mit den Schwerkranken spricht, wie aufmerksam er auf ihre Ängste und Sorgen hört und darauf eingeht. Durch eine entsprechende und wirksame Medikation gestaltet er ihnen den letzten Weg, soweit eben möglich schmerz- und angstfrei. Eine ärztliche Kunst, die nicht hoch genug eingeschätzt werden kann. Denn, so die Meinung vieler, es ist die Angst vor Schmerzen, die uns Menschen beschäftigt und beunruhigt. In gleich überzeugender Art steht er auch den Angehörigen Rede und Antwort. In dieser menschlichen Grenzsituation des Sterbens eines Familienangehörigen mit all den vorausgegangenen, leidvollen Erfahrungen, ist meiner Ansicht nach nichts wichtiger und vorrangiger als der Rat eines kompetenten Arztes und der Trost, der von diesem ausgeht.

Er ist ein absoluter Gewinn, für die Station, für die Schwestern und Pfleger, für die Kranken und deren Angehörige, so mein Eindruck. Und natürlich auch für uns Helferinnen und Helfer, denen er, wenn er Zeit dafür findet, von seinem im-

mensen Wissen und seiner Erfahrung das mitteilt, was er in einem Referat am Helferabend unterbringen kann. Das ist dann
Palliativ-Medizin vom Feinsten. So habe ich es erlebt.

Die Musiktherapeutin

Sie kommt einmal in der Woche auf die Station und besucht mit ihren Instrumenten jene Kranken, die ihre Betreuung und den Trost ihres musikalischen Angebots schätzen. In einer Präsentation ihrer Therapie vor uns Helferinnen und Helfern lernte ich ihre Methodik und ihre Instrumente kennen. Sie findet mit der Sensibilität ihrer Musik, und sei es nur ein verklingender Ton von zwei oder drei angeschlagenen Seiten, einen Zugang zum inneren, seelischen Bereich der Kranken und schafft damit eine Abwehr der alles beherrschenden Angst. Dies führt in der Regel zu einer Besänftigung und inneren Befreiung, und sei es nur für Augenblicke, in denen auf diese einfühlsame Weise Räume sich öffnen für ein Gespräch mit den Patienten.

Neben dieser therapeutisch-orientierten musikalischen Arbeit sind auf der Station auch andere Klänge zu hören. So in den vorweihnachtlichen Wochen der Adventszeit, als ein ambulant arbeitender, musikalisch begabter Hospizhelfer mit seinen Kollegen zu uns kam, um den Kranken den Genuss einer echt bayrischen Stubenmusik zu bieten, mit Gitarre, Zither, Hackbrett und Gesang. In derselben Zeit, wenige Jahre danach, war ein Chor zu Gast, der Weihnachtslieder zum Besten gab. Dann kann es geschehen, dass Türen sich öffnen, wenn die von Kindheit auf vertrauten und zu Herzen gehenden Weisen auf der Station ertönen.

Traurig war der Anlass, als das Mitglied einer Männer-Schola schwerkrank auf der Station lag, und seine Sängerkollegen aus diesem Anlass vor seinem Zimmer Choräle der lateinischen Gregorianik und deutsche Kirchenlieder sangen. Ein Gleiches widerfuhr einem anderen Patienten, der in einem

Blasorchester engagiert gewesen war. Seine Musiker-Kollegen- und Kolleginnen ließen es sich nicht nehmen, mit dem gesamten Klangkörper in der Einfahrt vor dem Hospiz für ihn aufzuspielen. Ein besonderes Erlebnis!

Der Seelsorger

Er ist Pfarrer einer großen städtischen Gemeinde. Er kommt einmal in der Woche, am Mittwoch- Nachmittag, in die Station und besucht Patienten, die seine Gegenwart und das Gespräch mit ihm schätzen. Ich erlebe ihn als einen weltoffenen, sensiblen Menschen, der in seiner bescheidenen Art sich zunächst beim Pflegepersonal erkundigt, welche Veränderungen es gegeben hat, und ob jemand auf der Station seinen Besuch wünscht. Darüber hinaus schaut er auch in die übrigen Zimmer, um niemand zu vergessen. Dabei geht er auch das Risiko ein, abgelehnt zu werden, wofür er viel Verständnis aufbringt. Denn im Allgemeinen verlässt er mit einem guten Gefühl die Station, wie es auch sein Erlebnis mit einem Patienten zeigt, der viele Vorbehalte gegenüber der Kirche hegte, sich aber durch die Begegnung mit ihm zu einer Korrektur überzeugen ließ. Denn, so die Argumentation des Priesters, die christliche Botschaft reiche weit über die real existierende Gestalt der Kirche hinaus.

Bei einer Tasse Kaffee in der Stationsküche erzählt er mir immer wieder von seinen Erfahrungen mit den Schwerkranken. Sein Konzept, so seine Einlassung, bestehe in der Vermittlung des Trostes, den die Religion für uns bereithält. Eine Tatsache, die seiner Ansicht nach für alle religiösen Überzeugungen gelte. Bei allem menschlich bedingten Versagen halten die Kirchen in ihren Ritualen und Verheißungen eine Hoffnung auf individuelle Vollendung bereit, die Menschen seit Urzeiten bewegt und sie bedrängende Zweifel überwinden lässt.

TROST

Ich bin dabei,
als der Priester
zu ihm kommt.

Er ist erregt, erstaunt,
gefasst.
Wie ein Kind
faltet er die Hände,
lauscht,
mit geschlossenen Augen,
dem erlösenden Wort.

Und nimmt das Brot,
das so begehrte,
und liegt erschöpft
und atmet schnell.

Friedvoll,
nach dem Segensgruße,
stammelt er:
So hab' ich's doch
recht gut gemacht.

(Helfertext 10/2004)

Der Priester auf der Station, so empfinde ich es, stellt in seiner Person eine stumme Frage an alle, nicht nur an die Kranken und ihre Angehörigen, sondern auch an die Aktiven. Er fordert mit seiner Anwesenheit zu Überlegungen heraus, ohne etwas zu sagen, egal, wie immer auch die Antworten auf diesen ‚stummen Impuls' ausfallen mögen. Denn alle, die im Haus ein- und ausgehen, werden in der Begegnung mit Sterbenden wohl oder übel mit der Frage nach dem ‚Danach' des Todes konfrontiert. Alle haben auf irgendeine Weise darauf persönliche Antworten, so meine Vermutung, die im Laufe ihres Lebens gewachsen sind, seien sie noch so vage, in welche Richtung sie tendieren.

Folge ich einer gängigen Meinung, die ich selbst gut nachvollziehen kann, ist es die schon erwähnte Angst vor dem Sterben und vor den damit verbundenen Schmerzen und Ängsten, die uns umtreibt, nicht vor dem Tod selbst. Denn die Vorstellung, mit dem Tod sei ‚alles aus', hat für viele Menschen nichts Beunruhigendes oder Erschreckendes an sich. So, wie wir vor unserer Geburt nichts von uns wussten, wäre es dann auch nach dem Tod. Ein absolutes Verlöschen unseres Bewusstseins also, das nichts Beängstigendes an sich habe, da wir nichts mehr empfinden.

Andere wiederum haben die allzu menschlichen Bilder vom Himmel vor Augen, mit denen sie mit Recht nichts anfangen können. Wieder andere bewegt die Angst vor einem strengen Gott. Sicherlich Zerrbilder der christlichen Religion, die jedoch biblische Ursachen haben können, denke ich nur an die Erzählung vom Letzten Gericht und natürlich auch an die bildlichen Darstellungen davon, die in Kirchen zu sehen sind.

Doch zeigt mir ein Gang durch einen Friedhof unserer Heimat und dort die Beobachtung der vielen kleinen Hinweise auf den Gräbern, Engel in allerlei Darstellungen beispielsweise, oder steinerne Herzen mit beschwörenden Inschriften des Nicht-Vergessens, wie stark die Hoffnung auf ein ‚Wiedersehen' unter uns ausgeprägt ist, und wir eine Antwort auf die Frage nach dem ‚Danach' des Lebens erwarten, und nach dem Sinn von Unglück, von unverschuldetem

Leid und Tod. Denn unsere menschlichen Versuche einer Antwort sind allzu brüchig und befriedigen uns nicht.

Doch bei allen Unterschieden ist es jedenfalls Tatsache, dass bei der Aufnahme eines Patienten oder einer Patientin in die stationäre Betreuung die ärztliche Diagnose und der Wunsch der Kranken selbst bestimmend sind, und nicht deren religiöse oder weltanschauliche Prägung.

Ich erlebe dazu auf der Station immer wieder Patienten, die mit Gegenständen im Krankenzimmer ihre religiöse Einstellung zu erkennen geben, sei dies ein kleines Kreuz, ein Gebetbuch oder ein Rosenkranz auf dem Bettkästchen. Diese stummen Zeichen bilden oft den Anlass für ein Gespräch.

Ich erinnere mich an eine Patientin, die von ihrem sterbenden Mann erzählte, den sie zu Hause pflegte, wie er in den Momenten vor seinem Verscheiden die Augen weit öffnete und an ihr vorbei nach oben blickte, und sie dieses Schauen als einen Blick in ein jenseitiges Licht deutete, das er in diesem Augenblick sah. Dieses Erlebnis habe sie, so ihre Beteuerung, von einem Leben nach dem Tod überzeugt. Daran halte sie fest. Gerade jetzt auf ihrem letzten Weg.

Darüber hinaus bitten mich Kranke, mit ihnen zu beten. So wie jener Patient, der beim abendlichen Leuten der ‚Angelus'-Glocke von der nahen Kirche, das er bei offenem Fenster an den warmen Sommertagen hörte, mich bat, mit ihm den ‚Engel des Herrn' zu beten, eine Praxis, die er und seine Geschwister daheim in der Familie mit den Eltern übten. Oder die Frau, der ich auf ihre Bitte hin den Hirtenpsalm rezitierte, und sie von da an, bei jedem meiner Besuche im Zimmer, diesen uralten Gesang von mir hören wollte.

ENDGÜLTIG

Sie stammelt den uralten
Segensgruß des Aaron
aus längst vergangener Zeit,
als er stirbt und
die letzten, verirrten Atemzüge
aus ihm dringen.
Sie ist von Tränen
überströmt und
kann kaum sprechen.

Es ist der Bibelspruch
zu meiner Konfirmation,
sagt sie, als wollte
sie sich entschuldigen,
und das Wort
bei unserer Hochzeit.
Es hat uns ein Leben lang
begleitet und war die Bitte
bei jedem Abschied,
der uns trennte –
für kurze Zeit.

Später,
als ich der Schwester helfe,
ihn zu betten
und ihm die dunkelrot leuchtenden
Rosen
in die bleichen Hände lege,
sehe ich das Foto
des jungen Brautpaares,
gerahmt,
an der hellen Wand.

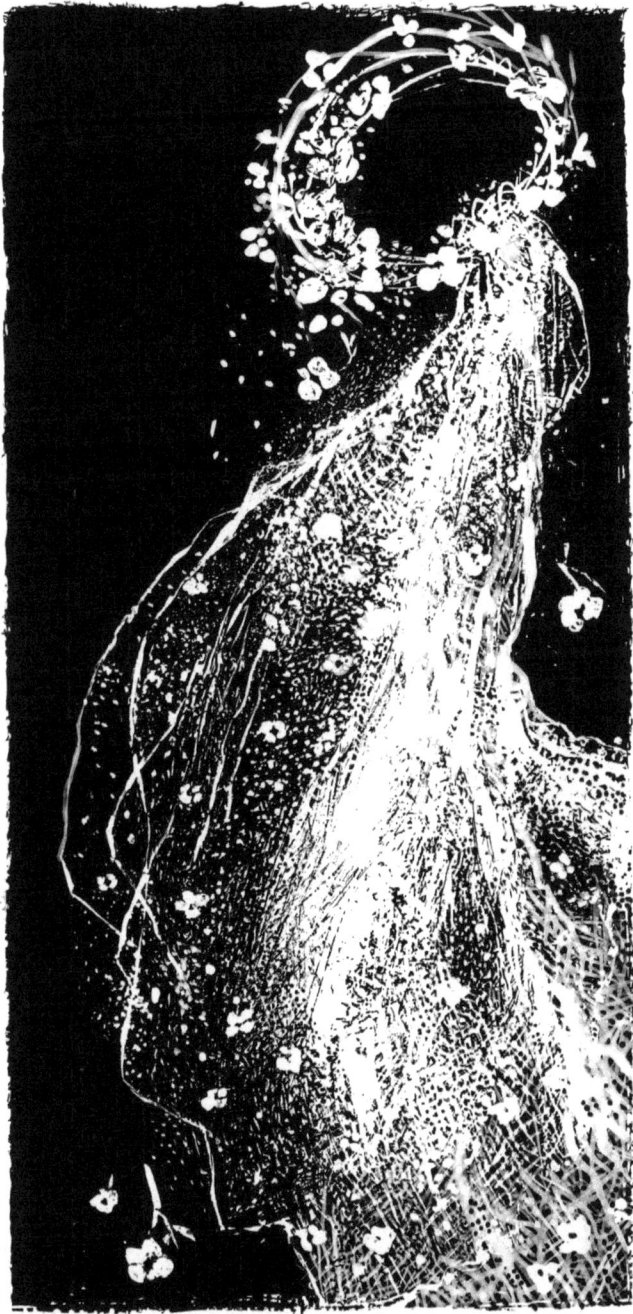

Auch andere Fachleute helfen den Schwerkranken in der letzten Lebensphase über viele Symptome mit ihrer Kunst hinweg. So die Physiotherapeutin oder der Physiotherapeut, die einfache Massagen und Übungen, aber auch Lymphdrainagen anbieten, die Fußpflegerin oder der Fußpfleger, die Friseuse, die sich bei den Patientinnen um die Haare kümmert, die durch das viele Liegen arg in Mitleidenschaft gezogen werden.

Es sind Hilfen und Zuwendungen, die im Gesamt der palliativen Versorgung ihren Platz haben und die Lebensqualität der Kranken fördern.

»Nicht unbedingt dem Leben mehr Tage zu geben«, so habe ich es im Kurs gehört und höre es immer wieder bei Fortbildungen, »sondern den Tagen mehr Leben«, darum gehe es in der Betreuung im stationären Hospiz und in den ambulanten Hilfen, davon war Cicely Saunders überzeugt, von der die Aussage stammt. Die Erfahrung in unserem Hospiz gibt dieser Meinung recht, wenn zum Beispiel neu angekommene Patienten auf der Station sich erstaunlich erholen, weil ärztliche Betreuung und intensive Pflege dies ermöglichen. Teilweise können Kranke das Bett verlassen und dazu den Kopf frei bekommen für klare Gedanken und anstehende Entscheidungen.

Das Ehepaar

Im Stationszimmer ‚übergeben' die Schwestern und Pfleger der Frühschicht das aktuelle Befinden ihrer Patienten, das sie in den ‚Kurven', in den persönlichen Krankenakten, festgehalten haben, an die Fachkräfte der Spätschicht, der Arbeitszeit am Nachmittag, die bis in den Abend hinein dauert. Jeder Kranke kommt dabei zur Sprache: der Stand der Lagerung, die vorgenommene Pflege, die neue, ärztlich verordnete Medikation, veränderte Hilfsmittel und ähnliches.

Ich bin noch vor dieser ‚Übergabe' auf die Station gekommen und während dieser Zeit allein. Es ist die Ruhephase nach dem Mittagessen. Ich gehe von Tür zu Tür, lese die Namen der Patienten. Es ist möglich, dass neue dazugekommen sind.

In einem Zimmer höre ich Stimmen, ein Zeichen, dass die Kranke wach ist. Ich klopfe, höre die freundliche Reaktion und trete ein. Herr R. steht am Bett seiner Frau. Beide sind neu für mich. Ich stelle mich vor, spreche von den Aufgaben, die ich als Helfer zu tun habe, und dass ich immer wieder mal ins Zimmer komme. Ich frage die beiden Eheleute nach eventuellen Wünschen. Frau R. verneint, doch ihr Mann ist dankbar für eine Tasse Kaffee. Als ich diese ins Zimmer bringe, will er noch mehr über den Helferdienst erfahren. Bereitwillig gebe ich Auskunft.

So oder auf ähnliche Weise beginnen Gespräche mit Angehörigen, die dann jedoch recht schnell zum alles beherrschenden Thema der schweren Erkrankung führen, mit der die Familie konfrontiert ist. Die beiden Eheleute zeigen sich erschüttert über die zurückliegende Zeit mit den damit verbundenen, bedrückenden Erlebnissen. Da waren zunächst die nicht aufhörenden Schmerzen, dann der Besuch bei der Hausärztin, die die Patientin schließlich zum Fachkollegen schickte. Eine Untersuchung wechselte die andere ab. Eine Computertomographie brachte Klärung und den ärztlichen Rat zu einer Operation. Die beiden willigten ein, setzten ihre Hoffnung auf die ärztliche Kunst und wurden belohnt. Die Patientin erholte sich danach, es ging ihr gut, sie konnte sich wieder um Küche und Garten kümmern, mit Einschränkungen zwar und vielen Pausen.

Doch die Schmerzen kehrten nach wenigen Monaten zurück. Der Facharzt bestätigte neue Metastasen und riet zu einer Chemotherapie. Die Patientin, voller Hoffnung, entschied sich dafür und ertrug mutig die lästigen Nebenwirkungen. Doch wieder wurden die beiden Eheleute enttäuscht. Sie mussten mit dem Schlimmsten rechnen. Frau R. war tapfer, sie hielt lange durch, bis zu jenem Tag, da sie der Sanitätsdienst zunächst zur Klinik brachte, wo sie auf die Palliativstation verlegt wurde.

Ich versuche, mich in die leidvolle Situation dieser Familie einzufühlen, geht es doch nicht nur um die betroffene Patientin, sondern um die gesamte Familie, um den Ehemann zunächst, aber auch um die Tochter, die mit ihrem Mann einige hundert Kilometer entfernt von den Eltern wohnt. Daher auch die für die Familie willkommene Lösung, die unsere Station trotz aller damit verbundenen Dramatik dennoch bietet.

Ich bin froh, in dieser Situation den Betroffenen die stationären Möglichkeiten aufzählen zu können. Nicht nur unseren Service von Kaffee und Kuchen, von verschiedenen Getränken, oder von einem Mittagessen für die Angehörigen, sondern auch die Möglichkeit, im Zimmer der Schwerkranken zu übernachten. Dazu kommt die über vierundzwanzig Stunden offene Station mit ihrem Angebot zu informativen Gesprächen mit dem betreuenden Arzt und den Pflegefachkräften.

Immer klarer wird mir, was das Wort ‚palliativ‘ in diesem Zusammenhang bedeutet. Im Helferkurs und in Fachbüchern habe ich erfahren, dass es vom lateinischen Wort ‚pallium‘ stammt, das übersetzt ‚Mantel‘ oder ‚Überwurf‘ bedeutet, ein Kleidungsstück, das in der römischen Zeit getragen wurde und den Körper umhüllte. Im übertragenen Sinne ist damit die umfassende, ‚umhüllende' Fürsorge für Schwerkranke und deren Angehörige gemeint, die in einem Hospiz angestrebt wird. Dieser spezielle Anspruch des Hospiz-Dienstes stellt an alle Aktiven hohe Anforderungen.

Alltag

Ich verlasse das Zimmer, gehe in die Stationsküche, leere die Spülmaschine, in der das Geschirr vom Vormittag gereinigt wurde und hole den frisch gebackenen Kuchen aus der Hauptküche. Ich bedanke mich bei der Köchin, die gerade beim Saubermachen ist und trage das köstliche Nahrungsmittel vorsichtig über die Treppe in die Station.

Die Übergabe dauert an. Der Pfleger aus der Frühschicht hat mich bei meiner Ankunft auf den Schwerkranken aufmerksam gemacht, nach dem ich schauen soll. Die Tür zu diesem steht halb offen.

Herr S. liegt gut gelagert, das Kopfteil des Bettes ist leicht erhöht. Er schläft ruhig, seine Stirn ist entspannt, ein Zeichen, dass er keine Schmerzen hat. Langsam tropft die Infusion in den Schlauch. Der Patient atmet kaum vernehmbar, mit einsetzenden Atempausen. Ich verharre, betrachte das helle Gesicht mit der klar gezeichneten Nase. Er ist ,auf dem Weg'. Ich werde an diesem Nachmittag immer wieder nach dem Kranken schauen.

Im Flur Stimmen. Die Übergabe ist zu Ende. Die Pflegenden der Frühschicht verabschieden sich. Die beiden aktuellen Fachkräfte sind auf dem Weg in die Stationsküche. Ich verlasse Herrn S., halte die Tür zu ihm offen und geselle mich zu den Pflegeschwestern, die den Nachmittag bestreiten werden. Es gibt Kaffee und Kuchen, bevor die Arbeit des Nachmittags beginnt.

Das kurze Zusammensitzen gelingt nicht immer. Oft werden die beiden im Stationszimmer festgehalten, um aktuelle Aufgaben zu erledigen. Heute jedoch haben wir Glück. Wir sitzen zu dritt am kleinen Tisch und ich erfahre Wissenswertes über die Patienten und das ‚Drumherum' auf der Station. Ein Neuzugang ist für den Nachmittag gemeldet, eine Patientin aus der Palliativstation des Klinikums. Zimmer 8 ist für sie hergerichtet. Die frisch gelieferte Pflegewäsche vom Vortag sollte noch vollständig auf die einzelnen Zimmer verteilt werden. Besondere Aufmerksamkeit brauche Herr S.

Der Nachmittags-Kaffee für unsere Kranken und ihre Angehörigen steht an. Einige der Patienten vertragen weder Kaffee noch Kuchen. Alternativ dazu ist es Tee oder ein Kakao-Getränk, ein Joghurt oder ein Eis. Zu dritt sind wir mit dieser Aufgabe beschäftigt. Inzwischen ist es lebhaft geworden im Haus. Angehörige sind da, aber auch Freunde, Arbeitskollegen, auch Kinder. Alle werden nach ihren Wünschen gefragt. Ein besonderer Service der Station, der aufmerksam von den Besuchern registriert wird. Ich komme in dieser Arbeitsphase in drei Zimmer, spreche mit den Patienten, mit den Besuchern, frage nach den Wünschen und bleibe längere Zeit für ein Gespräch.

Ich erinnere mich an meinen hektischen Beginn vor sechzehn Jahren. Ich gehe mit Kaffee und Kuchen zu einem Kranken und bemerke erst im Zimmer, dass ich die Milch im kleinen Kännchen vergessen habe. Oder ich komme zwar mit einem Stück Kuchen, aber mit einer leeren Tasse …

Die Hektik bleibt meine ‚Genossin' über lange Zeit. Natürlich will ich alles recht machen, dazu möglichst schnell und prompt und gleichzeitig. Hinzu kommt eine andere Schwäche. Ich lasse mich stören bei einer vorbereitenden Tätigkeit. Ich laufe weg, weil ein Patient läutet oder eine Schwester meine Hilfe braucht. Ich vergesse meine ursprüngliche Arbeit, entschuldige mich, komme ins Trudeln. Es dauert, bis ich ruhiger und gelassener werde, bis ich mich ‚entschleunige'. Doch es gelingt mit der Zeit. Steh ich jetzt am Herd bei Rührei oder Wiener Würstchen, bringt mich keine Glocke, kein Hilferuf aus der Ruhe. Ich bin schließlich nicht allein auf der Station.

Denn gehe ich zu einem oder einer Kranken, so habe ich gelernt, muss ich ganz da sein, sowohl körperlich in meinem Verhalten und meinen Gesten, als auch mental, weil konzentriert, zugewandt und achtsam. Auf diese Weise den Kranken zeigend: Ich bin ganz für dich da.

Inzwischen bin ich im dritten Zimmer. Frau B. wünscht sich Tee, ohne Kuchen, ihr Mann, der an ihrem Bett sitzt, eine Tasse Kaffee. Ich kenne die beiden nun schon seit ein paar Wochen. Ich komme gern zu ihnen.

Herr B. erzählt vom Alleinsein zu Hause. Ja, es sei gut, dass seine Frau hier sein kann, er könne all das mit ihrer Pflege Verbundene nicht schaffen. Doch sei die Veränderung, die durch die vernichtende ärztliche Diagnose ausgelöst wurde, schwer zu ertragen. Ein Schock. Er sei es nicht gewohnt, selber für sich zu sorgen. Einkaufen ja, aber auch dafür habe seine Frau den Zettel geschrieben.

Die Patientin hört zu. Sie hat die Augen geschlossen, ihr helles Gesicht ist entspannt. Das Gespräch dauert noch eine Weile fort, ehe ich mich aufmache, um die Wünsche der beiden Eheleute zu erfüllen.

Später, Herr B. war gegangen, hole ich das Geschirr aus dem Zimmer seiner Frau. Die Kranke hat sich an den Bettrand gesetzt und das mobile Tischchen vor sich hin platziert. Sie schaut mich an. Ob sie mich was fragen könne. Ich setze mich auf den Hocker vor ihrem Bett, das Tablett mit den beiden Tassen auf den Knien. Die Kranke spricht leise, ihre Rede wird von Pausen unterbrochen.

Sie mache sich Gedanken, weil ihr Krankheitsverlauf so lange dauert. Sie sei unglücklich und habe Bedenken, Kranken, die auf einen Platz im Hospiz warten, etwas wegzunehmen.

Ich bin überrascht.

»Das bereitet Ihnen Kummer.«

Sie bejaht heftig. Ich merke, dass sie noch etwas hinzufügen will und verhalte mich still.

»Es dauert so lange. Ja, ich bin ungeduldig. Ich wünschte, das alles wäre endlich vorbei.«

»Das ist verständlich. Es ist eine schwere Zeit, für Sie beide.«

Sie ist medikamentös gut versorgt. Sie hat keine Schmerzen, ist noch in einem eingeschränkten Maß selbständig und klar in ihren Gedanken. Sie hat Zeit, um über vieles nachzudenken und wird nicht fertig damit. Das drohende Sterben endlich hinter sich zu haben, ist ein allzu verständlicher Wunsch. Sie blickt mich schweigend an und richtet sich auf.

»Ich danke Ihnen.« Dann senkt sie den Kopf und blickt auf ihre Hände in ihrem Schoß.

Ich erwidere ihren Dank und bin berührt von ihrem Vertrauen. Solche Momente sind selten. Ich erlebe sie als eine kostbare Erfahrung, zeigt sie doch beispielhaft, welche Geduld gefragt ist, die in den einzelnen Zimmern von den Schwerkranken aufgebracht werden muss.

Die Mutter

Sie lag über Monate
in ihrem Bett,
Woche für Woche,
Tag für Tag,
Stunde um Stunde.

Die Tochter,
zwanzigjährig,
hatte die Sorge
für die kleine Schwester
übernommen.

Immer müsse sie
an die beiden denken,
sagt sie,
und sie müsse jetzt
»einfach da durch«.

Die Chirurgen hatten ihr
einen Teil ihrer Schädeldecke
abgenommen.
So lag sie,
allein mit ihren Gedanken,
bis sie nicht mehr
sprechen konnte.

(Helfertext 4/2015)

Ich darf Herrn S. nicht vergessen. Er hat inzwischen Besuch von Frau und Tochter bekommen, die von der Pflegeschwester benachrichtigt wurden. Mein Angebot für Kaffee und Kuchen lehnen sie ab. Sie sind zu aufgeregt und beunruhigt. Ein Glas Wasser, ja. Sie wollen die Schwester sprechen, die ihnen Näheres sagen kann. Die ist lange bei ihnen, sie klärt auf, beruhigt, spricht von den Symptomen, die für die beiden schlimmer aussehen, als sie für den Kranken selber sind. Er sei gut versorgt. Doch könne auch sie nicht sagen, wie lange es noch dauern wird.

An diesem Nachmittag schafft es der Sterbende nicht. Vielleicht während der Nacht?

Der rätselhafte Vers

Er war nur wenige Tage auf unserer Station. Schwerkrank, ja sterbend, war er vom großen Klinikum gekommen und lag nun gut gelagert und mit Morphin versorgt in seinem Bett. Er hatte allein gelebt, seine Frau war schon vor vielen Jahren verstorben. Die Schwester bat mich, oft nach ihm zu sehen und, wenn möglich, auch bei ihm zu bleiben. Er bekomme keine Besuche.

So sitze ich bei ihm und höre sein lautes Atmen, wenn er schläft. Manchmal wird er wach. Er schaut mich an, während ich ihm beruhigend zurede und mich vorstelle. Er möchte trinken. Ich nehme den Schnabelbecher, der, mit stillem Wasser gefüllt, auf dem Betttischchen steht, schiebe meine linke Hand unter das kleine Kissen, auf dem sein Kopf liegt, hebe diesen vorsichtig damit an und gebe ihm mit der Rechten zu trinken, langsam, einen kleinen Schluck nach dem anderen, mit häufigen Pausen. Danach bette ich seinen Kopf zurück, während er mit einem tiefen Schnaufer auf das große Kissen sinkt. Er schließt die Augen und ist nach kurzen Augenblicken wieder eingeschlafen. Ich bleibe lange bei ihm und streichle immer wieder leicht seine rechte Hand auf der Bettdecke. Es kommt mir so vor, als sähe ich meinen sterbenden Vater liegen, bei dem ich zugegen war in seinen letzten Stunden.

Als ich am darauffolgenden Mittwoch-Nachmittag wieder meinen Dienst antrete, sehe ich schon auf der Tafel im Foyer, dass er in der Nacht zuvor verstorben ist. So ist mein erster Gang heute in das Zimmer, wo er aufgebahrt liegt. Es ist ein regentrüber Dezembertag, im Raum nur das matte Licht der nach unten gedrehten Bettlampe. Wieder erkenne ich den Frieden auf dem hellen Gesicht des Toten, seine ineinandergeflochtenen Hände, in die die Schwester eine gelbe Rose gesteckt hat. Wieder setze ich mich neben ihn und erlebe die verhaltene Stille im Raum. Unter dem bedeckenden Leintuch erahne ich die Konturen seines abgemagerten Körpers. Auf den großen Tisch hat die Nachtschwester, der Jahreszeit entsprechend, einen glühend-roten Weihnachtsstern gestellt und davor einen Tannenzweig gelegt. Auf dem kleinen Tischchen am Bett brennt eine Kerze im roten Plastikmantel, daneben liegt ein hölzernes Kreuz, und in einem postkartengroßen, aufgestellten Bilderrahmen erkenne ich eine von Hand geschriebene Schriftzeile, die ich jedoch im matten Licht nicht sofort entziffern kann. Beim näheren Hinschauen kann ich sie schließlich lesen.

»Aus Ägypten rief ich meinen Sohn.«

Es ist ein biblischer Text. Die Schwester erklärt mir später auf meine Frage nach dem kleinen Rahmen, die Kollegin aus der Nachtschicht habe diesen in der Reisetasche mit den Habseligkeiten des Verstorbenen gefunden, die er mitgebracht habe, als er in die Station gekommen war. Sie meinte dabei hinzufügend, dass sie der Text an Weihnachten erinnere und der Inhalt irgendetwas mit dem Verstorbenen zu tun haben müsse und außerdem ganz gut zu ihm passe. Sie habe ihn als einen stillen, nachdenklichen Menschen erlebt. Daher habe sie den Rahmen dazugestellt.

Die Schwester liegt richtig mit ihrer ‚weihnachtlichen‘ Vermutung. Sicher war der Verstorbene, so sinniere ich bei ihm sitzend, ein Kenner der jüdischen Bibel, aus dem der Spruch stammt. Dort bildet er in etwas ausführlicher Form den ersten Vers der Schrift des Propheten Hosea, der damit die Flucht des israelitischen Volkes aus der ägyptischen Sklaverei unter der Führung von Mose beschreibt, und dabei die Worte Gott sprechen lässt. Das ganze Volk Israel ist in den Augen des Sehers ‚Sohn Gottes‘, den der Gott Israels aus der Sklaverei Ägyptens ‚ruft‘.

Dazu war der Verstorbene wohl auch mit den Texten vertraut, die im Gottesdienst verwendet werden. Denn genau diese Stelle vom ‚Rufen Gottes' zitiert dann Jahrhunderte später der christliche Schriftsteller Matthäus in seinem Evangelium, das tatsächlich in der Weihnachtszeit in den Kirchen vorgelesen wird. Darin schildert dieser Autor die Flucht der Eltern Jesu nach Ägypten, um ihren neugeborenen Sohn vor der Verfolgung des Herodes zu retten, und ihre Rückkehr aus diesem Land nach Nazareth in Galiläa, nach dem Tode des Königs. Um diese Heimkehr aus Ägypten zu erklären, weist Matthäus auf die prophetische Stelle hin und deutet sie ganz im christlichen Sinn. Nach Matthäus ist der kleine Jesus nun der ‚Sohn Gottes', den der himmlische Vater aus Ägypten ruft.

In der vergangenen Nacht, so meine Gedanken, da rief Gott einen weiteren seiner vielen Söhne ‚aus der Sklaverei Ägyptens', sprich, aus einem arbeitsreichen und mühsamen Leben, aus dem ‚Tal der Tränen', wie unser Dasein in einem anderen Gebets-Text auch genannt wird. Unsere leidgeprüften Vorfahren fanden für unser Leben oft drastische und eher pessimistische Ausdrücke.

Woher hatte der Tote diese Schrift? Schrieb er den Text vielleicht selbst? Er war länger in seinem Besitz, ich sehe es an den verblassten Buchstaben auf dem vergilbten Papier. War es ein Geschenk, das er sehr schätzte, oder hatte der ‚Exodus' des biblischen Volkes sogar eine Bedeutung in seinem Leben? Jedenfalls nahm er den kleinen Rahmen mit auf seinen letzten Weg ins Hospiz.

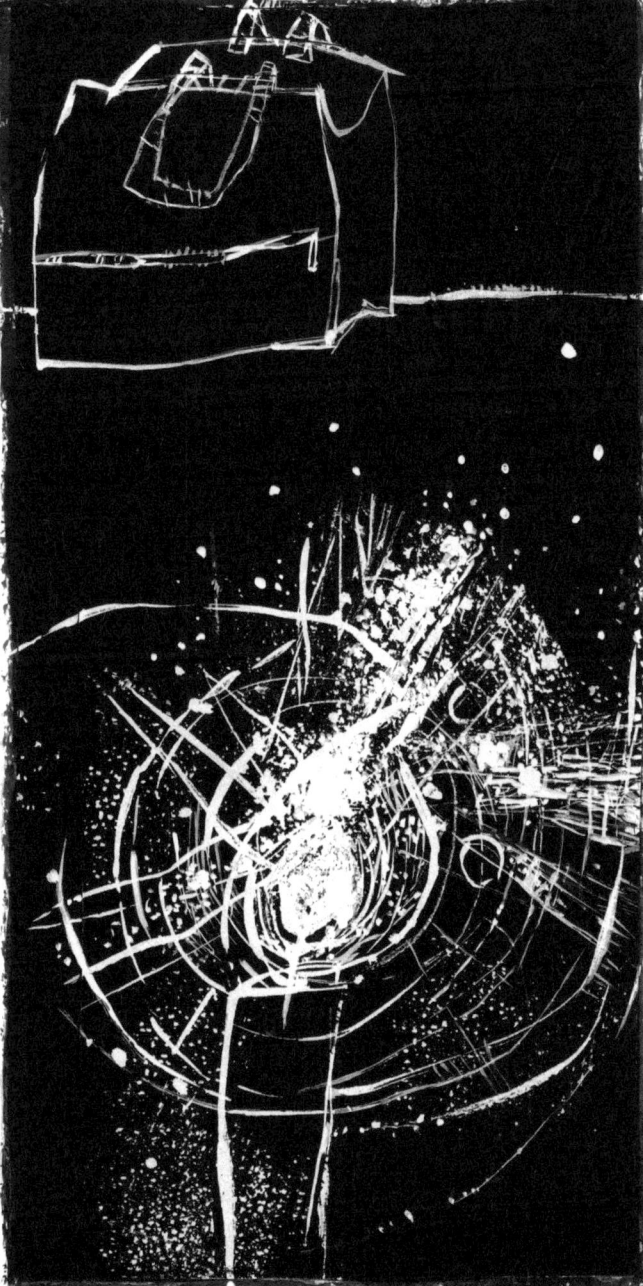

Angst

Die Frau ist verzweifelt und klagt laut und fortwährend über das ihr auferlegte Schicksal. Sie wurde am Vormittag eingeliefert und rief in den folgenden Stunden ständig nach der Schwester. Die ist redlich geschafft und bittet mich gleich nach meiner Ankunft am frühen Nachmittag, nach der Patientin zu schauen und bei ihr zu bleiben, um sie zu beruhigen.

Als ich das Zimmer der Kranken betrete, betet sie laut in kurzen, bettelnden Anrufungen, manche in einer mir fremden Sprache. Sie hält inne, als ich mich zu ihr setze. Ich erfahre von ihr, dass sie erst vor wenigen Jahren nach Deutschland gekommen ist und nun so schwer erkrankt ist. Sie ist darüber untröstlich. Sie ist verheiratet und war bis zu ihrer Erkrankung als Küchenkraft in einem Restaurant beschäftigt. Sie beendet jedoch das Gespräch nach kurzer Zeit und bittet mich, mit ihr zu beten. Ich erlebe zum ersten Mal die drängende Intensität dieser Bitte um Hilfe. Ich bin überrascht, habe jedoch Verständnis für ihren Wunsch und versuche mein Bestes.

Kaum habe ich das erste mir bekannte Gebet beendet, verlangt die Kranke eine Wiederholung. In gleicher Weise geschieht dies mit meinen nächsten Versuchen, die mir in den Sinn kommen. Als ich ihr schließlich erkläre, dass mein Schatz an gelernten Gebeten erschöpft sei, meint sie, ich solle einfach aussprechen, was mir in den Sinn kommt. Auch diesen Wunsch erfülle ich nach Kräften und erlebe dabei, dass sie meine gestammelten, freien Stoßgebete nachspricht. Auf diese Weise geht das eine geraume Zeit, bis ich ihr erkläre, dass ich auch in anderen Zimmern gebraucht werde. Sie zeigt ihr Verständnis, doch muss ich ihr fest versprechen, wieder zu kommen.

Das tue ich mit Unterbrechungen an diesem Nachmittag. Ich erlebe dabei die intensive Sehnsucht der Kranken nach Heilung, die mit ihrem Gebets-Wunsch verbunden ist, empfinde aber auch ihre panikartige Angst vor der Bedrohung, die sie befürchtet, und die sie mit einer Fülle an Gebeten besänftigen will. Es ist für mich beklemmend, das zu erleben, erfahre aber von der Schwester zu meiner eigenen Beruhigung, dass der Arzt bei seiner Visite die notwendige, beruhigende Medikation für die Kranke verschrieben und angeordnet hat.

Am darauffolgenden Mittwoch finde ich die Frau tatsächlich entspannt und aufgeräumt. Sie erzählt mir, wie sie mit ihrem Mann ihr Heimatland verlassen hat und zu uns gekommen ist, dass sie beide Kinder wollten, dieser Wunsch jedoch durch ihre Krankheit verhindert wurde. Auch diesmal beten wir zusammen, ohne Hektik, ohne Druck. Ich bin froh darüber und komme an diesem Nachmittag gern zu ihr.

Die Schwester informiert mich, dass die ärztliche Diagnose ein schnelles Fortschreiten der Krebserkrankung ergab, bedingt durch das jugendliche Alter der Patientin. Ich bin daher oft bei ihr, auch an den folgenden Nachmittagen, bis zu jenem Mittwoch, an dem sie in der darauffolgenden Nacht gestorben ist. Ich erinnere mich an meinen letzten Besuch.

NÄHE

Wie helles Porzellan ihr Gesicht,
ihr schmaler Mund, die blassen Lippen
halb geöffnet.
Gekrümmt liegt sie,
ihre Hände – verkrampft.
Sie atmet laut, und ab und zu
bewegt sie ihren Kopf.

Sie sieht mich nicht,
ihr Blick – weit weg,
geht an mir vorbei.
Sie schenkt mir keine Reaktion.

So sitze ich bei ihr,
halte bei ihr aus
und wage nicht zu sprechen.
So geh' ich fort von ihr
und nehme sie mit,
im Kopf und im Gemüt.

(Helfertext 12/2015)

Werden Patienten in unser stationäres Hospiz eingeliefert, um hier den letzten Weg zu gehen, haben sie in der Regel eine schlimme Zeit und schmerzhafte Erlebnisse hinter sich. Viele Kranken erzählen davon. Langwierige Untersuchungen, Diagnosen, die Hoffnung auslösen oder das Gegenteil bewirken. Häufige und anstrengende Arztbesuche, Klinikaufenthalte, kurzzeitige Besserungen, heftige Schmerzen, schlaflose Nächte, Verzweiflung und Fragen, die keine Antwort finden.

Tausch

Frau M. kommt aus einer kleinen Privatklinik zu uns. Bei meinem ersten Besuch zeigt sie mir die blauen Flecken auf ihren knochigen Unterarmen. Man hatte sie, so ihr aufklärender Hinweis, ans Bett gebunden, um sie wegen ihrer Panikattacken ruhig zu stellen. »Wie in einem Gefängnis« sei sie sich vorgekommen, immer auf dem Rücken liegend. Hilflos und ausgeliefert.

Beim Besuch einer Freundin habe sie schließlich von der Existenz unserer Station erfahren und sofort Kontakt aufgenommen. Sie sei glücklich und dankbar, einen Platz bekommen zu haben.

So steht sie nun rauchend in der offenen Balkontür, als ich in ihr Zimmer trete, und genießt den herrlichen Frühsommer. Ihre Perücke hat sie abgenommen und über einen Styroporkopf auf dem Fenstersims gestülpt. Voller Lob spricht sie über die Pflege und die achtsame Behandlung.

Morbus Hunter

Er war nach wenigen Tagen auf der Station im Alter von 27 Jahren verstorben. Als ich am frühen Nachmittag zu meinem Dienst komme, liegt er noch aufgebahrt im Zimmer. Er soll im Laufe der nächsten Stunden vom Institut abgeholt werden. Die Schwester aus der Frühschicht informiert mich über die seltene Krankheit des jungen Mannes und meint, ich werde überrascht sein, wenn ich zu ihm hineingehe.

Das tue ich nach meiner Gewohnheit. Ich komme in einen von vielen Blumen geschmückten, frühlings-hellen Raum. Auf dem Tischchen neben dem Bett und an der Wand sehe ich Fotografien mit Bildern von blühenden Bäumen, von lichten Landschaften, von weißen Segeln auf einem südlichen See. Auf dem größeren Tisch in der Ecke des Zimmers verbreitet ein Duftlämpchen eine angenehme Atmosphäre. Ein wohliger Zauber empfängt mich, der mich angenehm berührt.

Unter dem von Rosenblättern bedeckten Linnen liegt der Tote – in der Größe eines etwa sechsjährigen Buben, in den kleinen Händen eine verwelkende Rose. Die seltene Krankheit hat ihn nicht größer werden lassen. Auf dem markanten Gesicht mit den geschlossenen Augen hat sich Friede ausgebreitet. So liegt er, schlafend wie ein Kind.

Ich verweile staunend und tief beeindruckt. Wie auf Zehenspitzen gehend, verlasse ich den Raum.

Bedrückend

Ich bin in ihr Zimmer gekommen, um das Tablett mit dem leeren Teller zu holen. In der Dämmerung des Abends sitzt die Kranke am Bettrand, mit gebeugtem Kopf. Sie hatte bisher wenig gesprochen, wenn ich bei ihr war, um so erstaunter bin ich, als sie jetzt zu reden beginnt. Ich stelle den Teller zurück und setze mich auf den Hocker neben ihrem Bett.

Die beginnende Dunkelheit mache ihr Angst, erzählt sie. Immer in dieser abendlichen Stunde überfällt sie Melancholie und Trauer. Sie befürchtet, sie müsse in der Nacht ersticken. Diese Bedrohung raube ihr regelrecht den Atem.

Wie um den Grund für ihre wiederkehrenden, depressiven Stimmungen zu erklären, erzählt sie von ihrem Schicksal. Zwei ihrer Kinder, fährt sie leise fort, den jüngsten Sohn und eine ihrer zwei Töchter, habe sie vor Jahren in kurzen Abständen durch einen Verkehrsunfall verloren. Stets habe sie versucht, dieses furchtbare Unglück tapfer zu ertragen. Mitten im Leben stehend und beruflich engagiert, sei ihr das auch einigermaßen gut gelungen. Doch nun habe sie alle Kraft verloren. Hilflos sei sie der Angst in der beginnenden Dunkelheit ausgeliefert.

Ich höre ihr schweigend zu und empfinde meine Ohnmacht, sie zu trösten. Nach einer Weile frage ich, ob ihr der Arzt für die Nacht etwas gegeben hat. Sie bejaht und meint, bedrohlich erfahre sie vor allem die Zeit zwischen der beginnenden Dämmerung und dem Moment, da sie das beruhigende Medikament einnehmen kann. Hinzufügend meint sie, sie sei dankbar, mit jemand sprechen zu können. Ich bin froh, so meine Antwort, wenigstens das für sie tun zu können, angesichts der erdrückenden Last, die sie zu tragen habe.

Welche Fülle an Kummer ist auf der Station als Ganzes zu ertragen, nehme ich noch die Kranken in den anderen Zimmern der Station hinzu. Sind doch nicht nur allein sie betroffen, sondern auch ihre Familienangehörigen, eine Tatsache, die ich mir immer wieder klar machen muss. Viel Leid, aber auch viele Helferinnen und Helfer, in den Familien zuerst, aber auch auf der Station und in den Büros des Vereins. Alle sind beteiligt, um zu lindern, doch bündelt sich der Schmerz wie in einem Brennpunkt bei den Patienten und ihren individuellen Sorgen und Nöten. Wie oft sind sie allein mit quälenden Gedanken, während des Tages und in der Nacht, wenn sie nicht schlafen können.

Nachdenklich geworden stehe ich auf, knipse die kleine Bettlampe an und bringe das Tablett in die Küche.

Bescheiden

Eine neue Patientin ist an ‚meinem' Nachmittag eingeliefert worden. Eine der beiden Schwestern der Spätschicht hat ihre Betreuung übernommen, wie dies in der Übergabe ausgemacht worden war. Sie empfängt die Frau, sie ist dabei, nachdem die beiden Sanitäter die Kranke ins frisch hergerichtete Bett gelagert haben. Die ist erschöpft von der mühevollen Fahrt im Rettungswagen. Ich bin mit der Pflegerin im Zimmer und frage die Frau nach einem Wunsch, sei es Kaffee oder ein anderes Getränk, oder vielleicht ein Stück Kuchen? Sie verneint zunächst, überrascht von so viel wohlwollendem Eifer, doch als ich wenig später wieder bei ihr im Zimmer bin, antwortet sie lächelnd auf meine Frage nach ihrem Wunsch: »Vielleicht Gummibärchen?«

Eine Beobachtung,
die man auf der Station machen kann, ist die Tatsache, dass die Patienten ein Glas Wein zum Essen genießen oder ein Glas Bier trinken können, vorausgesetzt natürlich, dieser Genuss bereitet ihnen keine körperlichen Beschwerden. Dasselbe gilt fürs Rauchen, doch dabei sollte sicherheitshalber jemand von den Aktiven mit im Zimmer sein, um Brandflecken auf der Bettdecke oder Schlimmeres zu verhindern. Sitzt ein Patient oder eine Patientin aber während der Sommerwochen unterm Sonnenschirm auf dem Balkon, geht das Rauchen natürlich auch ohne Aufpasser.
Diese Möglichkeiten können das ‚Mehr an Leben' fördern, das mit jener Maxime gemeint ist, die besagt, die verbleibenden Tage durch eine entsprechende Medikation und pflegende Zuwendung schmerzfrei und damit verfügbar zu gestalten, und nicht unbedingt dem Leben ‚mehr Tage', das heißt, eine durch eine Chemotherapie

schmerz- und qualvolle Zeit hinzuzufügen. Schmerzfreiheit versetzt Patienten in die Lage, anstehende Fragen eher mit Gelassenheit durchzudenken und zu lösen.

Es gehört zu den Tätigkeiten, die ich besonders gern ausführe, wenn ich einer oder einem Kranken ein Glas Wein einschenken oder eine Zigarette anzünden darf. Zu diesen Annehmlichkeiten gehört auch die CD mit der Lieblingsmusik, sei diese ernst, leicht oder heiter.

Zugegeben, diese Geschenke vermögen die Bedrohung, denen die Kranken ausgesetzt sind, nicht zu verringern. Dennoch bilden sie ein Angebot, welches das Selbstverständnis und das spezielle inhaltliche Ambiente eines stationären Hospizes widerspiegelt.

STÜTZE

Wenige Stunden,
bevor er stirbt,
verlangt er nach
der Zigarette –
immer wieder.
Seine Hand zittert.
Sorgsam ist er
darauf bedacht,
die Asche in den Becher
zu kippen.

Helfertext 7/2003

»Es ist, was es ist«. (Erich Fried)

Die Frau besucht täglich ihren schwerkranken Mann. Schweigend sitzt sie an seinem Bett und tastet nach seiner Hand. Sie scheint unsicher, diese zu berühren, so mein Eindruck. Sie mag weder Kaffee noch Kuchen. Ihr Mann schläft. Gleichmäßig und langsam tropft die klare Infusionsflüssigkeit in seinen Arm. Im Zimmer herrscht Stille. Die Kanüle in seiner Luftröhre erschwert ihm das Sprechen. Der Frau schnürt der dunkle Schmerz die Kehle zu. Alle Versuche von unserer Seite zu einem Gespräch scheitern.

Immer wieder schaue ich nach den beiden, ebenso die Schwester, die den Kranken seit Tagen schon betreut. So verrinnen die Augenblicke wie die Tropfen der schmerzstillenden Medizin. Nach Stunden, zum Abend hin, verlässt die Frau den Kranken, wortlos, mit einem stummen Gruß.

Dann aber geschieht es, nach ihrem Weggang, dass eine junge Frau in die Station kommt, das Zimmer des Kranken betritt und die Tür hinter sich schließt. Dann hören wir Musik aus dem mitgebrachten CD-Player, heitere und sehnsuchtsvolle Lieder, dazu die Stimme der Frau, die mit dem Patienten spricht. Die Schwester weiß, es ist nicht die Tochter, die den Vater besucht. Die Ehe ist kinderlos geblieben.

Als ich später meinen Dienst beende und das Haus verlasse, höre ich immer noch heitere Melodien durch das offene Fenster in die laue Frühlingsnacht dringen.

Epilog

Kurz bevor ich am Abend die Station verlassen will, bittet mich die Schwester, ich möge ihr doch bei der Pflege von Frau O. helfen. Sie müsse ihr ein neues Schmerzpflaster auflegen und nach ihrem geplagten Rücken schauen.

Ein heißer Sommernachmittag geht zu Ende. Alle Patienten haben unter der enormen Hitze gelitten.

Frau O. war nach der abendlichen Brotzeit wieder eingeschlafen, als wir in ihr Zimmer kommen. Die Pflegerin verharrt für einen Moment.

»Ich muss sie leider aufwecken«, meint sie, »denn der Pflasterwechsel ist nach drei Tagen fällig.«

Als sie die Kranke sanft an der Schulter berührt, schlägt diese die Augen auf und schaut uns erstaunt mit großen Augen an. Sie ist, so mein Eindruck, aus einer weit entfernten Traumwelt in die Realität ihres Krankenzimmers zurückgekehrt. Sie mustert uns beide für einen Moment, gibt dann aber sofort zu erkennen, dass sie weiß, wer die beiden ‚Eindringlinge' sind. Sie ist schon seit einigen Wochen auf der Station und sieht uns nicht zum ersten Mal.

Die Schwester informiert die Patientin in ihrer herzlichen Art über den Grund unseres ‚Besuches' und holt aus dem Schrank die für die Prozedur notwendigen Pflegemittel. Das neue Schmerzpflaster hat sie aus dem Medikamentenschrank des Stationszimmers mitgebracht.

Ich bin an eine Seite des Bettes getreten und habe das Gitter nach unten geklappt. Dasselbe tut die Schwester auf ihrer Seite. Dann erklärt sie der Kranken, welchen Pflegeschritt wir zunächst vorhaben und bittet mich danach, Frau O. an Schulter und Becken vorsichtig anzuheben, damit sie die Lage-

rungsrolle entfernen kann, auf der diese in den vergangenen zwei Stunden in einer leichten Schräglage gelegen hatte. Die Patientin ist dazu in ihrem Bett nach unten gerutscht, so dass wir sie im nächsten Schritt zum Kopfende lagern, dabei die Kranke wieder auf dieselbe Weise unterfassend.

So vorbereitet, macht sich die Pflegerin daran, der Frau den Rücken zu waschen, nachdem sie ihr das auf der Rückseite offene Hemd weggeschoben und das verbrauchte Schmerz-pflaster entfernt hat. Dazu habe ich Frau O. wieder sanft an-gehoben und unter der Mithilfe der Schwester auf die Seite gedreht. Mit wohlig-zustimmenden Lauten gibt die Kranke zu erkennen, wie gut ihr das kühle Nass des Waschlappens tut, nach den sommerlichen Nachmittagsstunden, mit dem ihr die Schwester nun den Rücken massiert. Genau so angenehm ist für sie das darauffolgende Trockenrubbeln und die Massage mit Dekubitus-Öl, wobei die versierte Fachfrau sorgsam darauf achtet, die für das Schmerzpflaster vorgesehene Stelle trocken zu halten. Sie entfernt die Folie, die das neue Schmerzpflaster schützt, und legt dieses auf. Danach betten wir die Patientin wieder auf den Rücken und beenden auf diese Weise den ersten Teil der abendlichen Pflege und meine dabei notwendige Mithilfe.

Ich verabschiede mich danach von den Frauen, verlasse das Zimmer und trage meine heutige Arbeitszeit in die dafür vorgesehen Liste. Auf der Station ist abendliche Ruhe eingekehrt. Über einer weiteren Tür brennt das grüne Licht. Die zweite Spätschicht-Schwester bereitet Herrn A. für die Nachtruhe vor. Ich klopfe an der Tür, öffne sie einen Spalt und sage auch ihr mein Lebewohl.

Rechtschaffen müde verlasse ich danach das Haus und mache mich radelnd auf den Heimweg.